Bernward
bei Don Bosco

Bernward bei Don Bosco

SO FERN UND DOCH SO NAH

Annäherungen an die Botschaft von Advent und Weihnachten

Irmi und Hans-Georg Spangenberger

Bibliografische Information Der Deutschen Bibliothek

Die Deutsche Bibliothek verzeichnet diese Publikation in der Deutschen Nationalbibliografie; detaillierte bibliografische Daten sind im Internet über http://dnb.ddb.de abrufbar.

1. Auflage 2004 / ISBN 3-7698-1471-1

Lektorat: Verlagsservice Anne Voorhoeve, Selters
Titelbild: Fra Angelico (um 1400–1455), Verkündigungsengel. Fragment. Paris, Musée du Louvre, © Artothek
Umschlag und Layout: Margret Russer
Illustrationen: Stefanie Groß, Steinweiler
Notensatz: Nikolaus Veeser, Schallstadt
Gesamtherstellung: Don Bosco Grafischer Betrieb, Ensdorf

Gedruckt auf umweltfreundlichem Papier.

Dem Leben durch den Rhythmus des Kirchenjahres Orientierung geben

Die Feste des Kirchenjahres geben unserem Leben Rhythmus. Die Zeit wird strukturiert, bekommt ein Gepräge, verlässt den Einheitsbrei des täglichen Einerlei und schenkt so Orientierung. »Wenn alle Zeiten gleich sind, dann werden sie sinnlos. Wenn der Sonntag zum Alltag wird, dann wird auch der Alltag leer und öde und verliert seinen Sinn. Das heute weit verbreitete Gefühl der Sinnlosigkeit rührt sicher auch ein Stück davon her, dass man keine Feste mehr feiern kann, die aus der Zeit herausgehoben sind, Feste, an denen der Sinn des Ganzen durchscheint, weil man sich von Gott berührt fühlt.« (Anselm Grün)

Fulbert Steffensky, evangelischer Theologe an der Universität Hamburg, erzählt von Studenten, die in der Zeit der Examensprüfung arbeitsunfähig, ja depressiv wurden, weil sie unfähig waren, ihre Zeit zu gestalten. Steffensky schreibt: »Es ist ein Zusammenbruch aller Lebenskonturen. Sie können sich die Zeit nicht einteilen. Sie verschieben es, ins Bett zu gehen. Sie verschieben es, aufzustehen. Sie können Abmachungen nicht einhalten. Sie können weder arbeiten noch die arbeitsfreie Zeit genießen. Sie versinken in Formlosigkeit. Sie verlieren Kontur und Struktur.«[1]

In mühsamen Schritten geben die Studenten ihrem Leben wieder Struktur. Sie verabreden, dass sie zu einer bestimmten Zeit aufstehen, einmal am Tag eine Mahlzeit zu sich nehmen (und nicht nur aus dem Kühlschrank essen, wenn sich der Hunger rührt), einen Spaziergang machen und zu bestimmten Zeiten arbeiten. So bauen sie in Wochen Form an Form, bis das Leben wieder eine erkennbare Figur hat. Sie ritualisieren und rhythmisieren ihren Alltag und versuchen so das innere Chaos durch die äußere Form zu bändigen.

Hinter all den Bemühungen steckt die Überzeugung, dass wir Menschen feste Formen, Rituale, Rhythmen in unserem Leben brauchen, dass die äußere Form zu einer inneren Ordnung beiträgt und der Mensch so der ungegliederten Zeitlosigkeit Grenzen setzt, die ihm Sicherheit und Halt geben.

Wir alle ritualisieren und rhythmisieren unser Leben:

> Wir geben unserem Tag Struktur, indem wir feste Zeiten setzen, und sei es nur die »Tagesschau« am Abend.

> Wir geben der Woche Struktur, indem wir den Sonntag als besonderen Tag feiern.

> Wir geben dem Jahr Struktur durch die Feste im Jahreskreis.

Der Rhythmus der immer wiederkehrenden Fest- und Gedenktage des Kirchenjahres gibt unserem Leben Struktur und Halt. In der Erinnerung an das Vergangene vergegenwärtigen wir uns, dass Gott uns Menschen in den Höhen und Tiefen des Lebens nicht allein lässt. Dieses Erinnern stärkt unsere Hoffnung, dass Gott uns auf unserem Weg begleiten, uns auch durch schwere Zeiten führen wird und uns nicht fallen lässt.

Mit Jugendlichen und Erwachsenen in Schule und Gemeinde sich im Rhythmus des Jahreskreises dem Geheimnis des Lebens zu nähern, ist Anliegen der folgenden Seiten. Dabei steht in diesem Buch der Weihnachtsfestkreis im Mittelpunkt.

Nach einer kurzen Einführung in die Thematik (Erfahrungen / Impulse / Infos) wird eine Annäherung an die christliche Weihnachtsbotschaft versucht. Dabei sind die einzelnen Kapitel folgendermaßen aufgebaut:

Erfahrungen und Gedanken zum Thema **(Gedanken und Erfahrungen)**

Impulse zum Weiterdenken **(Impulse)**

Anregungen zum Gespräch in Gruppen **(Ins Gespräch kommen)**

Hintergrundinformationen zu den angesprochenen Themenbereichen **(Infos)**

Materialien für die Gruppenarbeit **(Material)**

ADVENT | WEIHNACHTEN

Die Thematik des Advents- und Weihnachtsfestkreises

Jedem Anfang wohnt ein Zauber inne ...
HERMANN HESSE

Gedanken und Erfahrungen

Ich erinnere mich noch genau an das Weihnachtsfest 1975. Am Heiligen Abend saß ich ganz oben auf der Empore unserer Pfarrkirche in der letzten Reihe und verfolgte die Mette mit ihren feierlicheren Gesängen und ihrer festlichen Stimmung.
Doch mein Herz war gewappnet, nichts vom Geschehen erreichte mich wirklich, die Ahnung von einer heiligen Welt war für mich in unendliche Ferne gerückt. Ich hatte gerade meine persönliche »Zeit der Aufklärung« hinter mir. All die Riten, Bilder und Symbole der Weihnachts- und Adventszeit waren von meinem kritischen Verstand als Relikte einer längst vergangenen Zeit erbarmungslos zertrümmert worden. Die Kindheitsgeschichten der Evangelien waren als Geschichten ohne historischen Anhalt entlarvt, die Erfahrbarkeit, ja Existenz Gottes in Zweifel gezogen.
Zurück blieben eine schmerzhafte Sehnsucht und das Gefühl der Einsamkeit. Die Leere eines Menschen, der als Fremder, als Zuschauer einer Feier beiwohnt, ohne die Freude der Anwesenden zu teilen, zog bei mir ein.
Es bedurfte eines langen Weges, um wieder einen Zugang zu den Bildern, Liedern und Texten der Advents- und Weihnachtszeit zu erhalten. Es war die Erfahrung, dass in Zeiten der Liebe, bei Geburt und Tod, in Stunden der Verlassenheit der Verstand mit all seinen Erklärungen und seiner Suche nach Gründen oft schweigen muss, dass andere, tiefere Bilder, Lieder und Texte aufsteigen und Halt vermitteln. So begann ich mich wieder zaghaft den Bildern, Liedern und Texten der Kindheit zu nähern und ihren unendlichen Reichtum zu entdecken.

(Lehrerin, 50 Jahre)

Vielleicht werden an keinem anderen Fest die Brüche unseres Lebens spürbarer als an Weihnachten.

Viele werden schon erfahren haben, dass irgendwann in ihrer Geschichte das Weihnachtsfest nicht mehr unmittelbar den »Geschmack des Paradieses« hervorrufen konnte. Enttäuschte Abkehr, aber viel häufiger der verzweifelte Versuch, den Hauch von Harmonie, den Duft des Heiligen, den Kinder an diesem Fest noch unmittelbar zu erahnen vermögen, zu reproduzieren.

Doch der Weg zum Paradies ist versperrt. Zu viele Fragen, Enttäuschungen und Verwundungen des Lebens türmen sich wie Barrieren auf und verbauen den Weg.

Die Sehnsucht aber bleibt.
Wie wäre es, wenn wir trotz all der Brüche in unserem Leben, ja gerade mit ihnen Weihnachten feiern könnten? Wenn wir all unsere Verletzungen, Grenzen anschauen dürften und aus der Tiefe unseres Lebens rufen könnten: »O komm, o komm, Immanuel (= Gott mit uns)!«

An Weihnachten erwacht unsere Sehnsucht nach dem Paradies immer wieder neu. Wir wünschen uns, dass unser Leben gelingen möge, dass wir Gott erfahren dürfen mitten in unserer Welt, mitten in den Fragmenten unseres Lebens. Die Botschaft von Weihnachten antwortet auf diese tiefe menschliche Sehnsucht: Du Mensch bist auf dieser fremden und dir so feindlich erscheinenden Welt nicht allein. Gott kommt auf dich zu. Er kommt in diese Welt. Du darfst ihn erfahren – nicht fern und fremd – vielmehr nah und menschlich in dem Kind in der Krippe, aber auch in all den Menschen, mit denen du dein Leben teilen darfst.

Weihnachten, das ist die Ahnung von einer anderen Welt, die in deine Welt einbricht und sie verwandelt.

Impulse

> Wie habe ich als Kind Weihnachten erlebt?
> Kenne ich Brüche in meinem Erleben von Weihnachten?
> Wann erlebe ich Weihnachten, d. h. wann bricht in meine Wirklichkeit die ganz andere Wirklichkeit ein? Wann erahne ich etwas von der Gegenwart Gottes?

Infos

WEIHNACHTEN
Weihnachten ist im Christentum ein relativ spät eingeführtes Fest. Im römischen Weltreich ist es für die Heiden und besonders für die Herrscher üblich, den Geburtstag zu feiern – auch über ihren Tod hinaus.

Für die Christen ist der Auferstehungstag Jesu viel wichtiger. So begeht man in der Mitte des ersten Jahrhunderts den Sonntag als wöchentliches Osterfest und seit dem zweiten Jahrhundert jährlich den Auferstehungstag Jesu. Ein anderes Fest gibt es in der frühen Christenheit nicht. Je mehr sich das Christentum in der römisch-griechischen Welt etabliert, desto mehr wird über die Frage der Geburt Jesu und ihrer Feier nachgedacht.

Die vier Evangelien teilen keinen Geburtstermin Jesu mit. Markus (um das Jahr 70 n. Chr.) und Johannes (um 100 n. Chr.) berichten nichts von der Geburt Jesu. Matthäus (um 80 n. Chr.) berichtet von der Huldigung der Sterndeuter, der Flucht nach Ägypten, dem Kindermord in Bethlehem und schließlich von der Rückkehr aus Ägypten und der Übersiedlung nach Nazareth. Lukas (um 85 n. Chr.) schildert zunächst die Verheißung der Geburt Johannes des Täufers und anschließend die Verheißung der Geburt Jesu. Dann berichtet er von der Begegnung beider Mütter, Maria und Elisabeth. Weiter werden die Geburt Johannes des Täufers und die Geburt Jesu geschildert. Über die Geburt Jesu schreibt Lukas: Maria wickelt Jesus in Windeln und legt ihn in eine Krippe. Engel verkünden Hirten, die in der Gegend von Bethlehem Nachtwache bei ihren Herden halten, die Herrlichkeit Gottes und den Frieden auf Erden. Die Hirten in Palästina weideten üblicherweise in den Monaten von April bis November ihre Herden auf den Feldern.

Wichtig ist zu bedenken, dass niemand den genauen Geburtstermin Jesu weiß. Er lässt sich nicht mehr rekonstruieren. In der alten Kirche der ersten Jahrhunderte ist das auch unerheblich, da man nicht biographisch denkt, sondern symbolisch. Ein symbolisch festgelegter Termin eröffnet vielfältige und hintergründige Bedeutungen:

So bildet sich im Osten als Erstes eine Tradition, die die Feier der Geburt auf den 6. Januar legt. In Ägypten feiert man in der Nacht zum 6. Januar das Fest der Geburt des Gottes Aion aus der Jungfrau Göttin Kore. Hierbei wird in einer feierlichen Liturgie Wasser aus dem Nil geschöpft, das das Land fruchtbar machen und den Menschen Leben bringen soll. Hier können die Christen anknüpfen und feiern an diesem Tag die Geburt und die Taufe Jesu im Jordan, um den Heiden zu verdeutlichen: Jesus Christus ist der, der den Menschen zum Leben verhilft. Der 6. Januar verbreitet sich vor allem im Orient, aber auch in Spanien und Gallien.

Anders verläuft die Entwicklung im Westen. Im römischen Weltreich und vor allem in seiner Hauptstadt Rom feiert man das Jahr nach dem Rhythmus der Sonne. Im Jahr 274 ruft Kaiser Aurelian den Kult der unbesiegbaren Sonne

(»Natale Solis Invicti«) für das ganze Reich ins Leben und verbindet ihn mit der Kaiserverehrung. Die Sonne wird als Hauptgott des römischen Götterhimmels verehrt. Am Tag der Wintersonnenwende, dem 25. Dezember, veranstaltet man in Rom öffentliche Feiern und Spiele.

Das ändert sich im Jahr 324, als sich Kaiser Konstantin zum Christentum bekennt. Er will alte römische Bräuche mit christlichen Inhalten verbinden. Dem entspricht, dass schon im Alten Testament der erwartete Erlöser als »Sonne der Gerechtigkeit« (Mal 3,20) bezeichnet wird, Christus sich im Johannesevangelium selbst das »Licht der Welt« (Joh 8,12) nennt und als »das wahre Licht, das die Menschen erleuchtet« (Joh 1,9) gepriesen wird. Christen setzen an diesem Tag den Heiden entgegen: Christus ist die wahre Sonne, die das Leben der Welt und das Leben von uns Menschen erleuchtet.

So ist das Weihnachtsfest nicht inhaltlich, aber von seinem Termin her abhängig vom römischen Sonnenfest.

Eine weitere Theorie erklärt den 25. Dezember als Geburtstermin Christi von den beiden Sonnenwenden und den Tagundnachtgleichen her, zumal in der damaligen Zeit die Christus-Sonne-Symbolik unter Christen weit verbreitet war. Wie im Lukasevangelium bezieht man die Verheißung der Geburt und die Geburt Johannes des Täufers und Jesu aufeinander. Die Empfängnis Johannes des Täufers wird auf den Tag der herbstlichen Tagundnachtgleiche, den 25. September terminiert. Seine Geburt neun Monate später erfolgt demnach am 24. Juni, dem Tag der Sommersonnenwende. Nach Lukas 1,26 wird Christus sechs Monate später als Johannes empfangen, also nach dieser Terminierung am 25. März, der Tagundnachtgleiche im Frühjahr. Neun Monate später kann dann das Fest der Geburt Jesu gefeiert werden.

Die Feier des Weihnachtsfestes am 25. Dezember ist in Rom zum ersten Mal im Jahr 336 vermerkt. Diese römische Praxis setzt sich im Westen mit großer Schnelligkeit und in etlichen Teilkirchen des Ostens durch. Begünstigt hat die Verbreitung dieses Festes die Auseinandersetzung innerhalb der Kirche mit den Arianern, die die Göttlichkeit Jesu bestritten. Mit der Feier der Geburt Christi konnte man der »Menschwerdung Gottes« einen angemessenen liturgischen Rahmen geben.[2]

ADVENT

Das Weihnachtsfest wird in Rom nachweislich seit dem Jahr 336 am 25. Dezember gefeiert. Das Konzil von Konstantinopel legt im Jahr 381 für die Kirche den 25. Dezember als verbindlichen Weihnachtstermin fest. Am 6. Januar wird die Erscheinung des Herrn mit dem Besuch der Magier, der Taufe Jesu und dem Weinwunder zu Kana feierlich begangen. In der Tradition wird es manchmal das »kleine Weihnachtsfest« genannt. Dieser Beschluss wird allerdings nicht mitvollzogen von den orthodoxen Kirchen der Kopten (Ägypten), Äthiopier, Armenier, Georgier sowie der Kirche von Jerusalem. Diese östlichen Kirchen halten weiterhin am 6. Januar als dem Tag der Erscheinung des Herrn fest und feiern hier auch die Geburt Jesu. In späterer Zeit übernehmen die orthodoxen Kirchen im slawischen Sprachraum wie z. B. in Russland, Serbien oder in der Ukraine diese Terminierung. Schon früh entwickelt sich der 6. Januar als der zweite große Tauftermin nach der sonst üblichen Taufe in der Osternacht.

Wer ein großes, zentrales Fest feiert, fragt sich natürlich: Wie kann ich mich auf dieses Fest vorbereiten? Die Vorbereitungszeit auf Weihnachten heißt Advent, lateinisch adventus, d. h. Ankunft. Zum einen verweist diese Zeit auf das Kommen Christi als Kind in der Krippe (Inkarnation = Menschwerdung), andererseits ist sie aber auch Hinweis auf das Kommen Christi am Ende der Zeiten in Herrlichkeit (Parusie = Wiederkunft).

Perpetuus von Tours in Südfrankreich führt in der 2. Hälfte des 5. Jahrhunderts als Vorbereitung auf die Taufen am 6. Januar eine 40-tägige Fastenzeit ein (vgl. 40 Tage des Fastens vor Ostern). Nach dem Fest des heiligen Martin von Tours am 11.11. (in Tours natürlich besonders gefeiert und im Lauf der Zeit mit närrischem Treiben angereichert!) beginnt eine 40 Tage andauernde Fastenzeit, wobei an den Samstagen und Sonntagen nicht gefastet wird (wie damals in Byzanz und Jerusalem üblich). Die Vorbereitungszeit umfasst hier acht Sonntage. Der inhaltliche Schwerpunkt liegt auf dem Fasten und einer inneren Bereitung für das Kommen Christi in die Herzen der Menschen. Christus wird als Richter und Retter erwartet.

In Rom und Italien entwickelt sich parallel eine sechswöchige Adventszeit, allerdings mehr als Vorbereitungszeit auf Weihnachten am 25. Dezember.

Papst Gregor der Große reformiert um das Jahr 600 die römische Liturgie. Hier begrenzt er die Adventszeit auf vier Sonntage vor Weihnachten. Diese Regelung setzt sich allerdings erst seit der Jahrtausendwende langsam im

Westen durch. Der christliche Osten hat nie eine Adventszeit gekannt. Das Konzil von Trient im 16. Jahrhundert erklärt die Adventszeit in der katholischen Kirche für verbindlich. Während die reformatorischen Kirchen in dieser Frage in der römischen Tradition stehen, wird in Mailand und in der altspanischen Liturgie bis heute an der sechswöchigen Adventszeit festgehalten.

In der Liturgie ist die Adventszeit von einer doppelten Spannung bestimmt. Zum einen beherrscht die Vorfreude auf die Geburt Jesu das Lebensgefühl, was sich in den meisten Kirchenliedern niederschlägt. In einigen Liedern wie »O Heiland, reiß die Himmel auf« oder »Macht hoch die Tür« wird jedoch der andere Schwerpunkt der Adventszeit betont: das erwartete Wiederkommen Christi. Die Kirche schaut in der Liturgie also auch auf die Vollendung der Geschichte mit der Wiederkunft Christi. Hier sind Wachsamkeit und innere Bereitung für diesen ungewissen Tag gefordert.

Im II. Vatikanischen Konzil (1962–1965) werden in der römisch-katholischen Kirche die Liturgie reformiert und die Schwerpunkte im Advent neu geordnet. Bis zum 17. Dezember liegt das Schwergewicht auf dem Aspekt der Wiederkunft Christi, in den acht Tagen vor Weihnachten auf der Menschwerdung Christi.(3)

WAIT FOR THE LORD

Meine Seele wartet auf den Herrn,
mehr als die Wächter auf den Morgen!
PSALM 130

Gedanken und Erfahrungen

Wenn wir am Anfang des Kirchenjahres stehen, so beginnt dieses nicht gleich mit dem großen Fest Weihnachten, sondern mit einer Einstimmungsphase, der Adventszeit. Advent (aus dem Lateinischen »advenire«) heißt ursprünglich »Ankommen«. Wir warten darauf, dass die andere, die göttliche Wirklichkeit in unserem Leben ankommt, dass wir »den Himmel« spüren. Die Zeit der Vorbereitung erhält im christlichen Jahreskreis ein großes Gewicht. Immer geht es darum, langsam zu werden, sich einzuschwingen, sich zu konzentrieren, Schritt für Schritt Weihnachten entgegenzugehen.

Die Bedeutung dieser Vorbereitungszeit wird vielleicht deutlich, wenn wir ein allgemein bekanntes Kinderspiel anschauen. Wir nannten es früher »Himmel und Erde«. Mit Kreide malten wir ein Männchen auf den Asphalt: drei Rechtecke längs, die den Körper symbolisierten, zwei Rechtecke quer, die die Arme darstellten, ein Rechteck für den Hals und einen Kreis, der den Kopf bildete – gleichzeitig aber auch »der Himmel« war (vgl. Kreis als Symbol für die »Ewigkeit«).

Mit einem kleinen Steinchen mussten wir nun Feld für Feld treffen, dann auf einem Bein hüpfen, bis wir schließlich im letzten Wurf versuchen durften, unser Steinchen in den »Himmel« zu werfen, um dort dann hüpfend anzukommen. Wer das erreicht hatte, hatte gewonnen.

Spielend haben wir hier etwas Wichtiges gelernt: Du kommst im Leben nicht sofort ins »Land deiner Sehnsucht«, in den »Himmel«. Es bedarf der Zeit des Wartens, der Vorbereitung, der Konzentration auf das Kommende, ohne die notwendigen Schritte im Jetzt zu vergessen. Wir lernten achtsam zu sein für den Augenblick. Wir lernten Spannung zu ertragen und das Bewusstsein, dass wir uns nicht selbst genügten. Im langsamen Vorwärtshüpfen streckten wir uns aus nach dem Ziel unserer Sehnsucht, nach dem »Himmel«. Bei all dem lernten wir, dass »Warten« nichts Passives ist, sondern ein aktiver, spannungsgeladener, lebendiger Vorgang.

Gerade in der Adventszeit leben wir diese Spannung unseres Lebens besonders intensiv. Wir machen uns bewusst, dass unsere Sehnsucht nach einem sinnerfüllten Leben, nach Liebe ohne die Reste menschlichen Versagens, nach Gerechtigkeit und Trost allein von Menschen nicht zu erfüllen ist.

In dramatischer Weise kommen diese Sehnsucht und das Warten auf Erlösung in dem Adventslied »O Heiland, reiß die Himmel auf« zum Ausdruck. Hier wird besungen, worauf wir warten: auf den Heiler all unserer Wunden, auf den Heiland, der die »Himmel« aufreißt (»... reiß ab, wo Schloss und Riegel für«). Mitten in der Kälte und Nacht unseres Alltags wünschen wir uns Leben und Licht (»... dass Berg und Tal grün alles werd‹«; »O Sonn, geh auf, ohn' deinen Schein in Finsternis wir alle sein«). Mitten in der Trostlosigkeit einer uns fremden Welt ersehnen wir den Tröster, der uns nach Hause führt (»Ach komm, führ uns mit starker Hand vom Elend zu dem Vaterland«).

Warten, das heißt, sich bewusst zu machen, worauf ich warte, und die Zeit des Wartens als Zeit der Vorbereitung zu begreifen, in der ich mich Schritt für Schritt dem öffne, der mir Heilung bringt und meine Sehnsucht stillt. Sinnvoll diese Zeit zu nutzen heißt, in meinem Tun und in meinen Gedanken das Erhoffte in mir wach zu halten.

Impulse

> Wie bereite ich mich auf wichtige Ereignisse vor?
> Worauf warte ich?
> Wofür bin ich in meinem Leben offen?

Ins Gespräch kommen

MATERIAL

- Klebeband
- Taschenlampe
- Seidenpapier
- 6 Plakatkartons in Größe eines »Hüpfkästchens«
- Stifte, Kärtchen in Postkartengröße, Körbchen
- Kärtchen, beschrieben mit Psalm 130,6
- Kassettenrekorder, Taizélied »Wait for the Lord«
- Lied »O Heiland, reiß die Himmel auf« (GL Nr. 105)

Alternativen

Auch neue religiöse Lieder haben das Warten auf das Kommen der anderen Wirklichkeit in unsere Zeit zum Inhalt.

> So kann alternativ gemeinsam »Wait for the Lord« aus Taizé gehört oder gesungen werden.

> Für Gruppen mit Jugendlichen wäre auch denkbar, von den Teilnehmern einen Rap zum Thema »Warten« schreiben zu lassen und diesen mit einem traditionellen Adventslied (z. B. »O Heiland, reiß die Himmel auf«) zu kombinieren (evtl. im Gottesdienst vorsingen!).

Infos

Friedrich Spee von Langenfeld und das Lied »O Heiland, reiß die Himmel auf«

Der Jesuit Friedrich Spee von Langenfeld (1591–1635) schreibt das Adventslied »O Heiland, reiß die Himmel auf« 1623 vor dem Hintergrund eines schon fünf Jahre währenden Krieges, der die unvorstellbare Zeit von dreißig Jahren (1618–1648) dauern und dessen Ende weniger als die Hälfte der Einwohner des Heiligen Römischen Reiches Deutscher Nation erleben wird. Ganze Landstriche werden von durchziehenden Soldaten, durch Brennen und Morden, Pest und Hunger entvölkert werden.

Friedrich Spee muss schon als Vierzehnjähriger vor der Pest fliehen. In seiner Freizeit spielt er Theater und hilft bei der Kranken- und Armenpflege. Durchziehende Jesuitenmissionare erzählen begeistert von Ostasien. Unter diesem Eindruck will der junge Friedrich Missionar werden und nach China gehen. So wird er mit 19 Jahren Jesuit. In Würzburg und Mainz erhält er seine Ausbildung, wird später Professor für Philosophie und Moraltheologie in Paderborn, Köln und Trier.

Sein Leben prägen drei große Herausforderungen: die Pest, der Krieg und die Hexenverfolgung. Er flieht nicht vor ihnen, wird kein Missionar in China, sondern stellt sich der Realität. Er begleitet Frauen, die als Hexen zum Tode verurteilt sind, und schreibt anonym das Buch »Cautio Criminalis« (»Vorsicht bei der Anklage«), das den entscheidenden Beginn setzt, den Hexenwahn zu überwinden. Friedrich von Spee gebraucht seine Sprachgewalt und seinen scharfen

Verstand und tritt für die ein, die keine Stimme haben. In seinen letzten Lebensjahren pflegt er in Trier gefangene französische Soldaten, denen der Krieg die Pest gebracht hat, und stirbt selbst an dieser Krankheit.

Im Lied »O Heiland, reiß die Himmel auf« nimmt Friedrich von Spee die Klage des Jesaja (Jes 63,15–64,1) auf, der in alttestamentlicher Zeit in Endzeitstimmung Gott herbeischreit. Gott scheint sich von der Not seines Volkes abzuwenden. Zerstörung, Vertreibung und Heimatlosigkeit scheinen ihn nicht zu berühren. So schreit Jesaja, Gott möge doch den Himmel aufreißen, sodass selbst die Berge erzittern, und wie ein Feuer über die Erde kommen und den Feinden der Gerechtigkeit und des Rechtes den Garaus machen.

Das adventliche Lied »O Heiland, reiß die Himmel auf« ist von einer enormen Spannung geprägt.

Auf der einen Seite drängt die Erfahrung von Not und Elend dazu, Gott aufzufordern, doch endlich machtvoll und stark einzugreifen: » ...reiß die Himmel auf« (Str.1); »Reiß ab vom Himmel Tor und Tür, reiß ab, wo Schloss und Riegel für« (Str.1); »Ach komm, führ uns mit starker Hand« (Str. 6).

Auf der anderen Seite zeugt das Lied von der Ahnung, dass Gott nicht als Kriegsherr kommen wird, sondern so unmerklich und leise, wie der Tau in der Nacht vom Himmel kommt, die Erde benetzt und zum Blühen bringt. Diese Vision vom zarten Kommen Gottes in unsere Welt gegen die Macht des Todes mündet in Liebeslyrik: »Wo bleibst du, Trost der ganzen Welt« (Str. 4); »O komm, ach komm« (Str. 4); »O klare Sonn, du schöner Stern ...« (Str. 5).

Der Weg der Ohnmacht und der Liebe wird so als Weg gesehen, der die Herzen der Menschen aus der Verhärtung führt und den Kreislauf von Gewalt und Gegengewalt unterbricht.

Gottes Kommen herbeisehnen in die Welt des 30-jährigen Krieges, der menschlichen Sehnsucht Worte geben und sie zu einem Gebet formen, dabei zu heilen, was verwundet ist, das war der Weg des Friedrich Spee von Langenfeld.

Material

O Heiland, reiß die Himmel auf,
Herab, herab, vom Himmel lauf!
Reiß ab vom Himmel Tor und Tür,
Reiß ab, wo Schloss und Riegel für!

O Gott, ein Tau vom Himmel gieß;
Im Tau herab, o Heiland, fließ.
Ihr Wolken, brecht und regnet aus
Den König über Jakobs Haus.

O Erd, schlag aus, schlag aus, o Erd,
Dass Berg und Tal grün alles wird,
O Erd, herfür dies Blümlein bring,
O Heiland, aus der Erden spring.

Wo bleibst du, Trost der ganzen Welt,
Darauf sie all ihr Hoffnung stellt?
O komm, ach komm
vom höchsten Saal,
Komm, tröst uns hier im Jammertal.

O klare Sonn, du schöner Stern,
Dich wollten wir anschauen gern.
O Sonn, geh auf, ohn' deinen Schein
In Finsternis wir alle sein.

Hier leiden wir die größte Not,
Vor Augen steht der ewig' Tod;
Ach komm, führ uns mit starker Hand
Vom Elend zu dem Vaterland.

Da wollen wir all' danken dir,
Unserm Erlöser, für und für.
Da wollen wir all' loben dich
Je allzeit immer und ewiglich.

(Friedrich Spee von Langenfeld)

DA HABEN DIE DORNEN ROSEN GETRAGEN

Wer könnte atmen ohne Hoffnung,
dass auch in Zukunft Rosen sich öffnen
ROSE AUSLÄNDER

Gedanken und Erfahrungen

Warum die Dornen meines Lebens betrachten? Schmerzen die zugefügten Wunden dann nicht noch mehr? In unserer Gesellschaft wird oft die »Kunst des Verdrängens« geübt. Man gibt sich heiter und glücklich, liebt das Lachen, aber nicht die Tränen.

Doch solche Lebensweise verkennt, dass auch in den dunklen Fragmenten des Lebens Sinn aufleuchten kann. In den Bruchstücken unserer Existenz begegnet uns das Geheimnis des Lebens: im Lachen und Weinen, im Lieben und Loslassen, im Gelingen und Versagen. So erhalten auch Mangel, Verwundung und Unzulänglichkeit einen wichtigen Stellenwert in unserer Suche nach dem Sinn, in unserer Suche nach Gott. Wer bereit ist, die Verletzungen seines Lebens anzusehen, wird entdecken, dass Gott sich auch in den Dornen des Lebens zeigt.

Im Buch Exodus wird erzählt, dass Mose am brennenden Dornbusch den »Dornen seines Lebens« ins Auge sieht. Er erkennt Heimatlosigkeit, Unterdrückung und Gefangenschaft, Zorn und Wut, eigenes Versagen, Unbehaustheit. Hier, mitten in den Dornen seines Lebens, erfährt er Gott als einen, der gerade im Leid bei ihm ist. Sein Name ist Jahwe, das heißt »Ich bin für dich da«! Diese Gotteserfahrung ermutigt Mose, gegen die Unterdrückung seines Volkes anzugehen. Im Exodus erfahren er und sein Volk Jahwe als Retter und Befreier.

Die Hoffnung, dass Gott uns in den Dornen unseres Lebens nicht allein lässt, hat das Leben vieler Menschen geprägt. Sie haben aus diesem Glauben Kraft geschöpft, gegen Ungerechtigkeit und Leid anzugehen. Und viele haben dabei erfahren, dass »Dornen« und Rosen nahe beieinander wachsen.

Das Adventslied »Maria durch ein Dornwald ging« aus dem 16. Jahrhundert drückt diese Hoffnung aus. Hier wird die Geschichte der jungen Frau Maria erzählt, die ungewollt schwanger wird und diese Situation als »dornenreich« und hoffnungslos erfährt (»Maria durch ein Dornwald ging, der hat in sieb'n Jahr kein Laub getragen«). In der Annahme des Kindes (»Ein kleines Kindlein ohne Schmerzen, das trug Maria unter ihrem Herzen«) werden ihre Dornen Rosen tragen.

Viele, die im Laufe der Zeit dieses Lied sangen, haben gespürt: »Jesus, der lebte und litt wie wir, ist meinem Herzen nahe. Er ist bei mir und lässt mich nicht allein – und Dornen bringen Rosen hervor.«

Impulse

> Welche Dornen finden sich in meinem Leben?
> Was bedeutet es für mich, »Jesus im Herzen zu tragen«?
> Durfte ich erfahren, dass »Dornen Rosen tragen«?

Ins Gespräch kommen

MATERIAL

- Für die Mitte Rosen und Dornen und Teelichter
- Dia oder Kunstdruck von Marc Chagall, Mose am brennenden Dornbusch (siehe Seite 83)
- Briefpapier mit dem Satzanfang: »Lieber Mose ...«, Stifte
- Liedzettel: »Maria durch ein Dornwald ging«
- Zettel, Stifte
- Evtl. CD-Player und Musikfassung des Liedes »Maria durch ein Dornwald ging«, in: »Es stot ein lind himelreich«, Weihnachtliche Musik aus Mittelalter und Renaissance, Freiburger Musik Forum, Ars Musici, AM 1236-2
- Evtl. Tanzanleitung zum Lied: »Maria durch ein Dornwald ging«
- Kett-Tücher

GRUPPENGRÖßE 10–15 Personen

ZEIT ca. 1 Stunde

VERLAUF

In der Mitte eines Gesprächskreises stehen Rosen und Dornen.
Führen Sie ins Thema ein. Weisen Sie dabei darauf hin, dass es wichtig sein kann, auch die Dornen des Lebens anzusehen (siehe Seite 26).

In einem nächsten Schritt können Sie sich nun gemeinsam mit den Teilnehmern der Geschichte von »Mose am brennenden Dornbusch« zuwenden. Erzählen Sie zunächst die Geschichte (siehe Seite 33).

Betrachten Sie dann das Bild von Marc Chagall (siehe Seite 83). Als Betrachtungsimpulse sind folgende Anregungen denkbar:
> Was sehen Sie? (Bildbeschreibung)
> Was fällt Ihnen besonders auf? (Fokussieren)
> Was gefällt oder missfällt Ihnen? (Wertung)
> Wenn Mose sprechen könnte, was würde er sagen? (Kreativität)

Um den Teilnehmern die Möglichkeit zu geben, eine Beziehung zur Person des Mose aufzubauen, bitten Sie diese, Mose einen Brief zu schreiben. Dazu erhalten die Teilnehmer einen Briefbogen mit dem Satzanfang: »Lieber Mose ...« Ermutigen Sie die Teilnehmer, ihre Briefe vorzulesen (dies sollte aber unbedingt freiwillig sein!).

In einem weiteren Schritt können Sie sich nun den »Dornenerfahrungen« heute zuwenden. Bitten Sie die Teilnehmer, auf Zettel Dornenerfahrungen unserer Zeit zu notieren (es können dabei Beispiele aus dem privaten, aber auch aus dem gesellschaftspolitischen Bereich genommen werden).
Nach einer angemessenen Phase der Stillarbeit können die Teilnehmer ihre Gedanken vorlesen bzw. erklären. Sie können sie aber auch nur schweigend in die Mitte legen.

Sie können nun die genannten »Dornenerfahrungen« in einem Gebet zusammenfassen:
»In den Dornen unseres Lebens sei du für uns da, wenn wir / Menschen ...«
Nennen Sie dabei die auf den Zetteln notierten »Dornenerfahrungen«. Der Gebetsbeginn wird immer nach drei »Dornenerfahrungen« wiederholt. Anschließend kann ein Kyrie-Ruf gesungen werden.

Sie können nun überleiten:
Die Hoffnung, dass Gott in den Dornen unseres Lebens bei uns ist, hat das Leben vieler Menschen geprägt. Sie haben aus diesem Glauben Kraft geschöpft, um gegen Ungerechtigkeit und Leid anzugehen. Und viele haben erfahren, dass »Dornen« zu Rosen werden. Das Adventslied »Maria durch ein Dornwald ging« drückt diese Hoffnung aus.

Zunächst kann das Lied gemeinsam gesungen oder gehört werden.
In drei Kleingruppen soll nun der Text des Liedes genauer betrachtet werden. Dazu erhält jede Kleingruppe eine Strophe:

1. Maria durch ein Dornwald ging, der hat in sieb'n Jahr kein Laub getragen.
2. Was trug Maria unter ihrem Herzen? – Ein kleines Kindlein ohne Schmerzen, das trug Maria unter ihrem Herzen.
3. Da hab'n die Dornen Rosen getragen, als das Kindlein durch den Wald getrag'n, da hab'n die Dornen Rosen getrag'n.

Mit Stofftüchern (Kett-Tüchern) sollen die Teilnehmer nun versuchen, den Inhalt und die Stimmung der jeweiligen Strophe zu gestalten. Dies geschieht besonders durch das Formen der Tücher und durch die Wahl der Farbe.

Im Anschluss an die Kleingruppenphase werden die Stoffbilder in die Mitte um den »Dornen-Rosenstrauch« gelegt. Die einzelnen Gruppen erläutern ihr Bild. Im Gespräch kann nun der Frage nachgegangen werden:
> Wann erlebte ich es, dass »Dornen Rosen tragen?«
> Was heißt es, »Jesus im Herzen zu tragen«?
Je nach Gruppenklima können hier die Antworten auch auf Zettel geschrieben und dann anonym vom Gruppenleiter vorgelesen werden.

Alternativen
> Je nach Gruppenzusammensetzung können Sie alternativ das Lied »Maria durch ein Dornwald ging« nochmals gemeinsam singen bzw. dazu tanzen (Tanzanleitung siehe Seite 34).
> Es ist aber auch möglich, das Lied nur zu hören und das Treffen in Stille ausklingen zu lassen. Dabei könnte sich ein jeder überlegen, in welchen Situationen seines Lebens Dornen Rosen getragen haben.

Zum Abschluss können Sie beten:

Gott,
wo es uns und anderen schwer ums Herz ist,
lässt Du uns nicht allein.
Du willst auch heute in den Dornen unseres Lebens da sein.
Du bist da, wo es uns weh tut und schmerzt.

Sei vor allem den Menschen nahe,
die unter den Lasten ihres Lebens zu zerbrechen drohen.

Sei uns nahe,
damit wir Menschen im Rückblick sagen und singen können:
Da haben die Dornen Rosen getragen.
Amen.

Evtl. bekommt jeder Teilnehmer eine Rose aus der Mitte mit nach Hause.

Infos

MOSE

Der Name Mose kommt aus dem Ägyptischen und bedeutet so viel wie »erzeugen, gebären«, kann aber auch vom Koptischen her mit »aus dem Wasser retten« übersetzt werden. Über Mose als Person lässt sich historisch aus außerbiblischen Quellen kaum etwas sagen. Wir sind ganz auf die Aussagen des Alten Testaments angewiesen. Zeitlich wird er zwischen 1300 und 1200 vor Christus eingeordnet.

In allen Erzählungen und Gesetzesüberlieferungen der Bücher Exodus und Deuteronomium ist Mose die verbindende Gestalt der verschiedenen Erzähltraditionen. Als drittes Kind hebräischer Eltern aus dem Stamm Levi (seine älteren Geschwister waren Miriam und Aaron) erblickt Mose in Ägypten das Licht der Welt und wird als neugeborenes Kind von den Eltern ausgesetzt, weil sein Leben bedroht war. Mose wird von einer Pharaonentochter gerettet und aufgezogen. Nachdem Mose einen ägyptischen Sklavenaufseher erschlagen hat, muss er nach Midian auf der Sinaihalbinsel fliehen, findet beim Priester Jitro Unterschlupf und heiratet schließlich dessen Tochter Zippora. Beim Hüten der Herden Jitros begegnet ihm Gott im brennenden Dornbusch, offenbart seinen Namen und beruft ihn in die Aufgabe, die in Ägypten unterdrückten Israeliten ins gelobte Land zu führen. Nach einer Reihe von Konflikten mit dem Pharao (»die zehn Plagen«) führt er die Israeliten aus Ägypten. Die Gruppe der fliehenden Israeliten wird auf wunderbare Weise am Schilfmeer vor den sie verfolgenden Ägyptern gerettet und gelangt in die Freiheit. Doch bevor sie das »gelobte Land« betreten, »wo Milch und Honig fließen«, ziehen sie nach biblischer Tradition 40 Jahre durch die Wüste. Hier werden ihnen die 10 Gebote und die neue Lebensordnung, das so genannte Gesetz, offenbart. Etliche kriegerische Auseinandersetzungen mit anderen Stämmen und Völkern prägen diese Jahre. Auch das Zusammenleben der Israeliten ist nicht konfliktfrei. Das häufige Murren des Volkes: »Wären wir doch in Ägypten geblieben!«, die Anbetung des goldenen Kalbes, die Unzufriedenheit mit der Situation (Bitterwasser, Manna) lassen Mose nach Auswegen suchen. In hohem Alter stirbt er in Sichtweite des gelobten Landes auf dem Berg Nebo und wird an unbekanntem Ort begraben.

Mose ist die wichtigste Gestalt des Alten Testaments. Er vereint in sich fast alle Funktionen und Ämter Israels, allerdings hat er nie spezifisch königliche Züge angenommen. So hat er Rollenanteile als Feldherr, Gesetzgeber und charismatische Führerfigur. Obwohl seine Züge »göttlichen Glanz ausstrahlen«, als er vom Gottesberg herabsteigt, wird er nie zum Konkurrenten Gottes. Er bleibt Prophet, Bote und Mittler, Vertrauter und Stellvertreter Gottes. Als Repräsentant Israels interpretiert er Gott und handelt gegenüber den Israeliten mit göttlicher Vollmacht. Auf der anderen Seite ist er aber auch Fürbitter für die Israeliten, bis hin zum Widerspruch. Als Wundertäter im Namen Gottes (macht das bittere Wasser bei Mara genießbar, schlägt Wasser aus dem Felsen) stellt er sich in den Dienst des Volkes. So ist er ein Vorläufer des Messias. Im Neuen Testament wird Mose so gesehen. Dabei wird Jesus als der größere Mose beschrieben (Matthäus gestaltet die Kindheitsgeschichte Jesu parallel zur Kindheitsgeschichte des Mose, jedoch in überbietender Parallelität).[4]

MARC CHAGALL, DER BRENNENDE DORNBUSCH

Marc Chagall hat Mose geliebt. Er war sein biblischer Ahne. Wie Mose hat auch Marc Chagall gestottert. Ihm hat er sich nahe gefühlt. Marc Chagall bringt im Bild »Der brennende Dornbusch« die Wende im Leben des Mose ins Bild: seine Berufung, seine Gotteserfahrung.

Die linke Bildhälfte ist erfüllt vom brennenden Dornbusch. Die Farbe Rot, die an die Verwundungen und Verletzungen des Lebens erinnert, dominiert hier. Sie verweist auf die Erfahrungen des Mose in Ägypten: auf Unterdrückung und Unfreiheit. Das durchscheinende Gold erzählt vom Glauben an die Erfahrbarkeit Gottes – auch im Elend. Dieser Aspekt wird nochmals verdichtet im »weißen Rad« der göttlichen Liebe in der Krone des Baumes. Im Zentrum des »weißen Rades« gibt sich Gott mit seinem Namen zu erkennen: Jahwe, das heißt »Ich bin für dich da!« Das Rad der göttlichen Liebe taucht den Hintergrund in die goldene Farbe, die die Anwesenheit Gottes symbolisiert. Das Rad setzt einen Engel in Bewegung, der dem Mose zuwinkt. Er bringt ihm die Botschaft, die den Hirten Mose in die große Aufgabe beruft, die Hebräer aus der Gefangenschaft in die Freiheit herauszuführen.

Und Mose? Er kniet, die rechte Hand auf das Herz gelegt, als wollte er sagen: »Wer bin ich, dass du mich in diese Aufgabe rufst?« Sein Mund ist fassungslos geöffnet, die Augen aufgerissen vor Staunen und Fragen, während hinter ihm die Schafe gleichmütig weiden.

Mose nimmt die Berufung auf und an. Die Farbe seiner Füße und Hände ist ganz in das Gold Gottes und in die Farbe Rot, die Farbe seiner Liebe, getaucht. Mit seinen Händen und Füßen wird Mose Gottes befreiende Liebe in die Tat umsetzen.

Chagall stellt Mose immer mit zwei Hörnern dar, die ihm aus dem Kopf herausragen, wie übrigens auch Michelangelo. Dies hängt mit einem Übersetzungsfehler in der lateinischen Bibel zusammen, die der Kirchenlehrer Hieronymus im 4. Jahrhundert in Bethlehem aus der hebräischen Urschrift angefertigt hat. Im Buch Ex 34,29 steht, dass Mose mit den beiden Gesetzestafeln vom Berg Sinai hinabsteigt und sein Gesicht strahlt (im Hebräischen heißt »strahlen«: »queran«). Da aber nur die Konsonanten geschrieben werden, liest Hieronymus an dieser Stelle im Hebräischen »quaran« (= Hörner) und übersetzt folgerichtig, dass Mose Hörner hatte. Diese Übersetzung war im Westen seit dieser Zeit gängig und wurde erst im 16. Jahrhundert auf dem Konzil von Trient korrigiert. Das hindert Chagall aber nicht, an dieser alten Darstellung festzuhalten.

Material

MOSE AM BRENNENDEN DORNBUSCH

Mose führt ein Leben voller Gegensätze und Brüche, die er selbst oft kaum aushält. Als Kind lernt er zwei Welten kennen, die ägyptische und die hebräische. In beiden Welten ist er zu Hause, in beiden Welten wird gut für ihn gesorgt. Doch beide Welten sind nicht miteinander zu vereinbaren. Das begreift er, als er sieht, wie seine Freunde und Verwandten in der fremden Heimat Ägypten unterdrückt, ausgebeutet und geschlagen werden. Er kann es nicht ertragen, verliert die Kontrolle, schlägt zurück, erschlägt die Gegner. Was bleibt, ist die Flucht – aus Angst, selbst erschlagen zu werden.

Als Fremder unter Fremden findet er in Midian einen Platz, eine Frau und Arbeit als Schafhirte. Aber er bleibt fremd, er kann keine Wurzeln schlagen in diesem neuen Land. Sein Leben erscheint ihm leer wie die Wüste. Zu oft denkt er an seine Freunde und Verwandten, die ungerecht behandelt werden und denen er nicht helfen kann. All das schmerzt wie Dornen.

Eines Tages hütet Mose die Schafe seines Schwiegervaters. Er sieht einen Dornbusch, der brennt und doch nicht verbrennt. Mose tritt näher. Ihm ist, als hörte er eine Stimme, die aus den Dornen spricht: »Finde dich nicht ab mit deiner Einsamkeit, mit dem Gefühl der Sinnlosigkeit und Leere, mit Ungerechtigkeit und Abhängigkeit! Kämpfe dagegen an!« Mose sieht den Dornbusch. Noch immer brennt er und verbrennt doch nicht. Ihm ist, als sehe er Gott mitten in den Dornen und als hörte er ihn sagen: »Ich habe dein Elend und das Leid deiner Freunde gesehen. Ich will euch helfen und brauche dich dazu!«

Mose kann es nicht glauben. Soll er eine Hoffnung verbreiten, an die keiner glaubt? Ist er nicht selbst innerlich wie Dorngestrüpp, in dem nichts mehr blüht? Ihm ist, als hörte er wieder die Stimme Gottes: »In den Dornen deines Lebens bin ich bei dir. In den Schmerzen deines Lebens lasse ich dich nicht allein. Mein Name ist JAHWE, das heißt ›Ich bin für dich da‹.«

(Nach Exodus 2 und 3)

TANZBESCHREIBUNG: »MARIA DURCH EIN DORNWALD GING«

Musik: »Es stot ein lind in himelreich« (siehe Seite 27)

Inhalt

1. und 2. Strophe: Ich begleite Maria gedanklich auf ihrem Weg.
3. Strophe (nur instrumental): Ich bedenke meinen Weg, fühle die Sehnsucht nach dem Erlöstwerden aus meinen Verstrickungen, aus dem Dornengestrüpp in meinem Leben.
4. Strophe: Ich trage die Zuversicht wie Maria, dass einmal die Dornen Rosen tragen werden.

Takt: 4/4

Ausgangsstellung: Durchgefasster Frontkreis (offene Kreuzhandhaltung)

Vorspiel: Vier Takte instrumental

Schritte:	Takt	Zählzeit	Schritte/Handhaltung
	1	1–2	Schritt R
		3–4	L-Fuß X über rechts (Schleifschritt)
	2	1–2	Wiegen nach rechts
		3–4	Wiegen nach links

Diesen Grundschritt (= Takt 1 und 2) fünf Mal tanzen. Nach jeder Strophe im Instrumentalteil vier Takte wiegen. Nach Strophe drei entfällt der Wiegeteil.

In der 4. Strophe

> vier Schritte in die Mitte gehen (R L R L), dabei die Armhaltung nach oben öffnen zur W-Haltung (Handkante an Handkante). Die Tanzgruppe als Ganze bildet so eine Blüte.

> Jetzt wiegen: R L R L

> Weiter im Grundschritt, wobei jetzt das »Schleifen« wegfällt.

MIT DER SEHNSUCHT IM HERZEN

Vergiss
Deine Grenzen

Wandre aus
Das Niemandsland
Unendlich
nimmt dich auf

ROSE AUSLÄNDER

Gedanken und Erfahrungen

Gerhard Schöne singt in einem seiner Lieder:

»Deine Seele ist ein Vogel
stopf nicht alles in ihn rein.
Er wird zahm und satt und träge,
stirbt den Tod am Brot allein.«

Diese Liedzeilen weisen darauf hin, dass viele in der Ersten Welt im Überfluss leben und materiell gesättigt sind. Viele haben mehr, als sie brauchen. Und dennoch meldet sich manchmal der Zweifel, ob Leben nicht mehr ist, als satt zu sein. Eine 18-jährige Schülerin, die rein äußerlich gesehen alles hatte, formulierte einmal so: »Ich glaube, mein Leben schläft ein!«

»Ich glaube, mein Leben schläft ein!« Vielleicht war dies auch das Lebensgefühl des Abraham, als er die Stimme in sich vernahm, sich nicht mit dem Gegebenen abzufinden, sondern den Aufbruch zu wagen. Rein äußerlich fehlte ihm nichts: Er hatte eine gesicherte wirtschaftliche Existenz, die Geborgenheit einer Familie, den Halt einer Heimat. Vielleicht hatte er die Fähigkeit zum Träumen verloren, vielleicht war seine Sehnsucht zugedeckt durch die Notwendigkeiten des Alltags, durch die Befriedigung der kleinen Bedürfnisse?

Die Bibel erzählt, dass er sich nicht zufrieden gibt mit seinem »kleinen Glück«. Er wagt den Aufbruch aufgrund einer Zusage: »Zieh weg aus deinem Land, von deiner Verwandtschaft und aus deinem Vaterhaus in das Land, das ich dir zeigen werde. Ich werde dich zu einem großen Volk machen, dich segnen und deinen Namen groß machen. Ein Segen sollst du sein.« (Gen 12, 1–3)

Gott verheißt dem Abraham Land und Nachkommen. Das bedeutet, dass Abraham einen Platz finden wird, an dem er leben kann. Und er wird eine Zukunft haben. In seinen Kindern wird er dem Leben dienen dürfen, wie dies schon seine Väter taten.

Die Verheißungen Gottes sind mit einem Auftrag verbunden: »Ein Segen sollst du sein!« Der, der Segen empfangen hat, ist auch befähigt, diesen weiterzugeben. Abraham darf das Leben in seiner ganzen Fülle leben, das heißt, er darf nehmen und geben. Nur infantil gebliebene Menschen haben Angst davor, etwas zu geben, nur die ewig klein Gebliebenen fragen: »Was bringt es mir!« Die

Größe eines Menschen zeigt sich in der Fähigkeit zu geben. Und so könnte man übersetzen: »Du kannst ein Segen sein!«, »Du darfst ein Segen sein!«

In diesen wenigen Versen des Buches Genesis steckt auch für uns heute Zusage und Ermutigung: Vielleicht würden diese Verse heute so lauten:

Wage den Aufbruch aus festgefahrenen Gleisen.
Bleibe nicht nur bei allzu Bekanntem und Vertrautem.
Vielleicht sind deine Sicherheiten dein Grab.
Probiere Unbekanntes, Neues – auch wenn es dir Angst macht.
Und du wirst einen Platz für dich finden, an dem du leben kannst.
Du wirst deine Größe und Würde als Mensch entdecken.
Du darfst geben. Du kannst die Welt gestalten – zum Guten!

Impulse

> Wo fühle ich mich festgefahren?
> Welche Träume habe ich? Wie kann ich meine Träume leben?
> Wo bin ich Segen?

Ins Gespräch kommen

MATERIAL

- Text von Gerhard Schöne: »Deine Seele ist ein Vogel« (siehe Seite 43)
- Plakatkarton, Eddingstifte, Klebeband
- Plakate für das »Land meiner Sehnsucht«
- Materialien für die Gestaltung des »Landes meiner Sehnsucht«, z. B. Federn, Glitzersteine, Perlen, Goldpapier, Buntpapier, Tüll, Wachsmalstifte, Scheren, Kleber
- Körbchen für das Material
- Alte Zeitschriften
- Plakafarben und dicke Pinsel

- CD-Player, Musik (passend zum Text von Gerhard Schöne)
- Poster oder Postkarten zu Sieger Köder, Die Nacht von Hebron (Schwabenverlag, Postfach 4288, 73745 Ostfildern, Tel: 0711/44060, siehe Seite 84)
- Text nach Gen 12,1–3 (siehe Seite 44)

GRUPPENGRÖẞE 10–15 Personen

ZEIT 1,5 Stunden

VERLAUF

Es wäre schön, wenn Sie dieses Treffen mit drei oder vier Teilnehmern vorbereiten könnten. Gemeinsam könnten Sie mit diesen Teilnehmern eine Pantomime erarbeiten, die dann beim Treffen zunächst der Gesamtgruppe vorgestellt wird: Eine Person steht in der Mitte und versucht, mit den Armen »nach den Sternen zu greifen« (im Hintergrund wird hierzu Musik gespielt). Nach einiger Zeit kommen weitere Teilnehmer, die den »Sternsucher« langsam mit Plakaten behängen. Auf die Plakate sind die Dinge geschrieben, die im Alltäglichen unsere Sehnsucht verdecken (Berufliches Eingebundensein, familiäre Verpflichtungen, Termine, Fun etc.). Die Plakate können mit doppelseitigem Klebeband am »Sternsucher« angebracht werden. Wenn der »Sternsucher« mit den Plakaten bedeckt ist, sinkt er langsam zusammen und bleibt am Boden liegen. Ein Sprecher spricht in diese Situation den Liedtext von Gerhard Schöne: »Deine Seele ist ein Vogel« (siehe Seite 43).

Alternative

Falls nicht die Möglichkeit besteht, eine Pantomime einzuüben, kann alternativ der Liedtext vorgelesen werden. Danach werden die Teilnehmer in Kleingruppen aufgeteilt. Die Kleingruppen erhalten die Aufgabenstellung, den Liedtext in eine Pantomime umzusetzen.
Im Anschluss an die Kleingruppenphase werden die erarbeiteten Pantomimen dann der Gesamtgruppe gezeigt.

Gleichgültig, ob Sie Möglichkeit eins oder zwei wählen, in jedem Fall schließt sich ein Gespräch an:

> »Deine Seele ist ein Vogel« – welche Gedanken kommen mir, wenn ich dies höre?
> Denken Sie an Gefahren, die auf Ihren »Seelenvogel« lauern!

Führen Sie das Gespräch nun weiter, indem Sie die Teilnehmer ermuntern, ihrem »Seelenvogel Flügel wachsen zu lassen« und gemeinsam ins »Land der Sehnsucht zu fliegen«:

Den Teilnehmern wird die Aufgabe gestellt, mit verschiedenen Materialien das »Land ihrer Sehnsucht« auf Plakatkarton zu gestalten (dies kann in Einzel-, Partner- oder Gruppenarbeit geschehen). Anschließend werden die »Landkarten« vorgestellt.

Erzählen Sie nun die Geschichte des Abraham, der sich ins »Land seiner Sehnsucht« aufmachte (siehe Seite 44).

Betrachten Sie dann gemeinsam das Bild von Sieger Köder »Abraham« (siehe Seite 84). Als Betrachtungsimpulse sind folgende Fragen denkbar:

> Was sehen Sie ?
> Was fällt besonders auf?
> Legen Sie das Bild zur Seite, sodass Sie es nicht mehr sehen! Was sehen Sie jetzt noch von dem Bild innerlich vor Ihren Augen?
> Welchen »Segen« empfange ich heute? Wie kann ich »Segen« sein? Wo bin ich Segen?

Lassen Sie den Teilnehmern nach jedem Impuls genügend Zeit, ihre Beobachtungen zu äußern! Versuchen Sie evtl. entstehende Gesprächspausen auszuhalten. Die Teilnehmer empfinden häufig Ruhe als angenehm, einen hektisch fragenden Gruppenleiter jedoch als störend!

Am Ende der Bildbetrachtung können Sie folgendes Gebet sprechen:

Gott, wie Abraham, so versprichst du auch mir,
mich zu begleiten durch die Nacht meines Lebens.
Wie Abraham, so versprichst du auch mir,
dass ich einen Platz auf dieser Erde finde, an dem ich leben kann.
Du versprichst mir Zukunft und Leben.
Du traust mir zu, dass ich ein Segen sein kann.
Amen.

Infos

GENESIS 12,1–3

In den ersten Kapiteln der Bibel wird nach der Vertreibung aus dem Paradies von der wachsenden Aggression der Menschen erzählt: vom Brudermord Kains an Abel, von der zunehmenden Schlechtigkeit der Menschen, von der Abwendung Gottes, den es reute, den Menschen erschaffen zu haben. Schließlich wird vom Fluch Gottes in der Sintflutgeschichte und von der Sprachverwirrung beim Turmbau zu Babel erzählt. So wie die Distanz und der Fluch Gottes zu Beginn thematisiert werden, so soll nun in den folgenden Erzählungen des Buches Genesis der Segen Gottes im Mittelpunkt stehen. Werkzeug dieses neuen Weges soll Abraham sein.

An die Aufzählung der Vorfahren Abrahams schließt sich ein Zyklus von Erzählungen um Abraham und seinen Neffen Lot an (Gen 12–19). Dieser beginnt mit der Herausrufung Abrahams aus seinem Stammesgebiet in Ur im Zweistromland des Eufrat und Tigris.

Gott ruft Abraham in ein unbekanntes Land, will ihn zum Stammvater eines großen Volkes machen, ihn segnen und zum Segen machen für die, mit denen er in Berührung kommt. Ja, er soll zum Segen für die ganze Menschheit werden. Dazu muss Abraham mit seiner Sippe aufbrechen, sein Leben radikal ins Ungewisse hinein ändern, seine Weidegebiete und Wasserstellen aufgeben und in ein weit entferntes, unbekanntes Land ziehen. Abraham wagt es, bricht auf, vertraut der Zusage, wird so zum Zeichen der segnenden Hand Gottes. Die Hand Gottes wird ihn führen durch Wüsten und Dunkelheiten, ihm den Weg auch durch die Nacht seines Lebens weisen. Erst im Alter gelangt Abraham ins Land seiner Sehnsucht.

ABRAHAM

In der Vorgeschichte Israels nehmen die so genannten Patriarchen Abraham, Isaak und Jakob (Buch Genesis, Kap. 12–36) einen großen Raum ein. Dabei wollen diese Erzählungen keine Geschichtsdarstellung sein, sondern Glaubensaussagen über das Wesen von Welt und Mensch und deren Beziehung zu Gott. Die Geschichte Abrahams wie die der anderen Patriarchen und der Söhne Jakobs sind im Einzelnen nicht mehr historisch nachprüfbar, doch stimmen die hier beschriebenen Zustände mit den Erkenntnissen der Forschung über die Zeit von 2200 bis 1200 v. Chr. im vorderasiatischen Raum überein.

Der Name Abraham bedeutet so viel wie »(mein) Vater (Gott) ist erhaben«. Aus seiner Heimat Ur in Südmesopotamien wandert Abraham aus und siedelt – über Haran in Westmesopotamien ziehend – schließlich in der Gegend von Hebron am Südrand des palästinensischen Kulturlandes. Als Stammvater einer Gruppe von Kleinvieh züchtenden »Randnomaden« verehrt er seinen persönlichen, ihn begleitenden Gott.

Im Alten Testament wird Abraham als Repräsentant Israels geschildert, der auf Jahwes Wort vertraut. Jahwe rechnet ihm seinen Glauben an und schließt mit ihm einen Bund »auf ewig«. Abraham vermittelt so den Segen für die ganze Menschheit und tritt als Fürsprecher vor Jahwe. Sein Charakter wird als gottesfürchtig, wahrhaftig und friedfertig beschrieben.

In der jüdischen Tradition gilt Abraham als Stammvater aller Israeliten und heißt hier »Abraham unser Vater«. Abraham erkennt den wahren Gott und löst sich vom Götzenglauben seines Vaters. Er gilt als Künder des Monotheismus, der schon vor der Verkündigung der Zehn Gebote das ganze Gesetz erhält. So nehmen traditionell alle Proselyten seinen Namen an.

Im Neuen Testament wird Jesus als Sohn Abrahams bekannt. Abraham wird gesehen als Repräsentant des Volkes Israel. Für Paulus verkörpert Abraham den Glaubenden schlechthin. Er ist der, der aufgrund seines Glaubens und nicht aufgrund seiner Werke von Gott angenommen, gerettet, gerechtfertigt wird.

Im Islam erhält Abraham den Beinamen »Freund Gottes« und gilt als Stammvater aller Monotheisten. Er wird ein »Rechtgläubiger«, ein »Muslim« genannt, der ein Beispiel dafür ist, dass Gott denjenigen aus höchster Not errettet, der ihm ganz ergeben ist. Mit Hagar zieht Abraham nach Mekka, wo Ismael geboren wird. Mit ihm erbaut er das Heiligtum der Kaaba als Warnung für die Araber, da zu ihnen noch kein Prophet gekommen war.[5]

SIEGER KÖDER, DIE NACHT VON HEBRON

Im Zentrum des Bildes »Die Nacht von Hebron« steht Abraham aufrecht in einer Wüstenlandschaft, die Arme ausgestreckt, die übergroßen Hände geöffnet und leer. Hier steht ein Mensch, der alles aus den Händen gegeben hat, der es gelernt hat, loszulassen und ganz auf Gott zu vertrauen. Hände und Gesicht im Braun der Erde, das Gewand im satten Grün der Schöpfung zeigen Abraham als

Sohn der Erde, der sich ausstreckt zum Himmel. Der Blick ist nach oben gerichtet. In dieser Haltung drückt Abraham Vertrauen und Hinwendung zu Gott aus. Abraham sucht die Nähe Gottes in einer Landschaft, die den Tod kennt. Er sucht sie in der Nacht, die immer schon ein Feind des Menschen war.

Abrahams Kopf ist bedeckt vom weißen Gebetsschal mit den beiden dunkelblauen Streifen. Sieger Köder verdeutlicht so nochmals, dass Abraham in dieser Nacht von Hebron betet. Beten heißt: mich ausstrecken nach dem ganz Anderen. Dieser offenen Haltung Abrahams antwortet der »geöffnete Himmel«. Die tiefschwarze Nacht ist durchbrochen vom Leuchten der Sterne. Direkt über Abraham steht ein großer Stern, der mit seinem langen Schweif Abraham zu umhüllen scheint.

Gott selbst ist auf diesem Bild nicht abgebildet. Und doch scheint er anwesend: im Licht der Sterne, die die Dunkelheit durchbrechen, im Schweif des großen Sterns, der die Bewegung Gottes auf Abraham zu ausdrückt, in der Haltung und im Ausdruck des Beters, der sich auf Gott hin öffnet. Abraham wird damit zum Zeugen für Gott. Er antwortet mit seiner Haltung auf die Aufforderung Gottes: »Sieh doch zum Himmel hinauf, und zähl die Sterne, wenn du sie zählen kannst.« Und Abraham, der Offene und Vertrauende, tut es. So wird er zum Glaubenden – für sich, für seine Sippe und für uns.

Material

DEINE SEELE IST EIN VOGEL

Deine Seele ist ein Vogel,
stutze ihm die Flügel nicht,
denn er will sich doch erheben
aus der Nacht ins Morgenlicht.

Deine Seele ist ein Vogel,
stopf nicht alles in ihn rein.
Er wird zahm und satt und träge,
stirbt den Tod am Brot allein.

Deine Seele ist ein Vogel,
schütze ihn nicht vor dem Wind.
Erst im Sturm kann er dir zeigen,
wie stark seine Flügel sind.

Deine Seele ist ein Vogel,
und er trägt in sich ein Ziel.
Doch wird er zu oft geblendet,
weiß er nicht mehr, was er will.

Deine Seele ist ein Vogel.
Hörst du ihn vor Sehnsucht schrein,
darfst den Schrei du nicht ersticken,
bleibt er stumm, wirst du zu Stein.

Deine Seele ist ein Vogel,
stutze ihm die Flügel nicht,
denn er will sich doch erheben
aus der Nacht ins Morgenlicht.

(Gerhard Schöne)

ABRAHAM – DER SEHNSUCHT TRAUEN

Ich möchte von einem erzählen, der seiner Sehnsucht traute. Er lebte mit seiner Familie, geschützt und gesichert. Er hatte Kontakte und Geld. Eigentlich fehlte ihm nichts. Und trotzdem hörte er eines Tages eine Stimme in sich, die sagte: »Geh fort, verlass deine Sicherheiten, geh in ein neues Land!«

Und er ging. Er machte sich auf den Weg, fort von Bekanntem und Vertrautem. Ins Ungewisse. Er machte sich auf den Weg, fort von Menschen, die er liebte. Er wusste nicht, wem er begegnen würde. Alles würde neu und unbekannt für ihn sein. Schwer würde es werden. Ein Wandern durch Wüsten und über Berge.

Aber er träumte davon, wie es sein würde, wenn er dort ankommt, wo seine Sehnsucht ein Zuhause hat.

So brach er auf und ging seiner Sehnsucht nach.

Abraham hieß dieser Mann.

Abraham zog durch fremde Länder, durch Wüsten, über Berge. Er wurde ein alter Mann, aber das Land seiner Sehnsucht hatte er immer noch nicht erreicht. Er zweifelte, ob sein Weg der richtige war. Eines Abends, er saß nachdenklich und zweifelnd in seinem Zelt, war sie wieder da, die Stimme, die sagte: »Abraham, es geht weiter. Du wirst ins Land deiner Sehnsucht kommen. Tritt aus dem Zelt. Sieh zum Himmel und zu den Sternen. Sie sind ein Zeichen dafür, dass deine Sehnsucht sich erfüllt.«

Die Bibel schreibt, dass Abraham starb, alt und lebenssatt – angekommen im Land seiner Sehnsucht.

(Nach Genesis 12–25)

VON DER QUADRATUR DES KREISES

Da wird der Wolf beim Lamm zu Gast sein …
Der Säugling spielt am Schlupfloch der Natter.
JESAJA 11

Gedanken und Erfahrungen

Wir Erwachsenen neigen bisweilen zum Pragmatismus. Warum Aufwand betreiben? Es geht auch einfach. So beschlossen wir vor Jahren, unseren »Adventskranz« ganz einfach mit einem großen Teller, einigen Tannenzweigen, ein paar Sternen und vier Kerzen zu gestalten. Doch unsere jüngere Tochter weigerte sich, dieses Adventsgesteck als Adventskranz anzuerkennen und bestand beharrlich auf einem »echten Adventskranz«: rund, gebunden aus Tannenzweigen und geschmückt mit vier Kerzen. Die Kerzen durften dann auch nicht dekorativ an einer Seite zentriert sein. Nein, sie mussten gleichmäßig auf den Kranz verteilt sein, sodass sie die Eckpunkte eines Quadrates beschrieben. Wahrscheinlich haben Kinder ein tieferes Gespür für die Symbole der Advents- und Weihnachtszeit als wir Erwachsenen, die wir oft geneigt sind, Tannengrün, Lichterglanz und Sterne zur bloßen Dekoration zu degradieren. Intuitiv merken Kinder, dass es hier um mehr geht.

Wenn die vier Kerzen auf dem Adventskranz brennen, wird uns sinnfällig die Einheit der Gegensätze vor Augen geführt: Hier schließen sich Kreis und Quadrat nicht aus, die Quadratur des Kreises ist möglich. Wenn wir im alltäglichen Sprachgebrauch von der »Quadratur des Kreises« sprechen, bezeichnen wir damit etwas Unmögliches, etwas, das unser menschliches Fassungsvermögen übersteigt. Im Adventskranz sind Kreis und Quadrat zusammengenommen, Unmögliches erscheint möglich, Gegensätze sind vereint.

Der kreisrunde, grüne Kranz symbolisiert die Unvergänglichkeit, die Ewigkeit, die Vollkommenheit – Gott, während seit alter Zeit die Zahl »Vier« die Welt mit ihren vier Himmelsrichtungen, den vier Elementen und vier Charakteren darstellt. Der Adventskranz verweist so schon Wochen vor dem Weihnachtsfest auf die Weihnachtsbotschaft: Das Göttliche wird in dieser Welt sichtbar, ja umschließt diese Welt. Der Adventskranz erzählt davon, dass wir in das göttliche Geheimnis hineingenommen sind wie die Kerzen in den Kranz. Der Kranz verleiht so unserer Hoffnung Ausdruck, dass wir in Gott geborgen sind und dass das, was zerbrochen und zerrissen ist in unserer Welt, heil und ganz wird.

Die Vision einer erlösten Welt, in der das Unmögliche möglich wird, in der die Gegensätze versöhnt sind, in der Frieden herrscht, kündet der Prophet Jesaja schon vor 700 v. Chr.:

»Dann wird der Wolf beim Lamme zu Gast sein, der Leopard beim Böckchen lagern. Kalb und Löwe weiden zusammen, ein kleiner Junge kann sie hüten. Kuh und Bärin freunden sich an, ihre Jungen liegen beieinander. Der Löwe frisst Häcksel wie das Rind. Der Säugling spielt am Schlupfloch der Natter, das Kind patscht mit der Hand in die Höhle der Schlange, man tut sich nichts Böses mehr, begeht kein Verbrechen auf meinem heiligen Berg; denn die Erde wird voll sein der Erkenntnis Jahwes, wie von Wassern, die das Meer bedecken.«(Jes 11,6–9)

In diesen Bildern des paradiesischen Friedens sind Zerrissenheit und Friedlosigkeit des Menschen und der Natur aufgehoben. Mensch und Schöpfung sind versöhnt (vgl. Seite 52).

Wenn in der Zeit des Advents in den gottesdienstlichen Lesungen diese Bilder heraufbeschworen werden, so verweisen sie schon Wochen vor dem Weihnachtsfest auf den Weihnachtsfrieden. An Weihnachten werden wir versöhnt mit der Schöpfung, aber auch mit uns selbst, mit unseren tiefsten Abgründen. Denn in diesem Kind in der Krippe kommt Gott dieser Welt ganz nahe, nichts Menschliches ist ihm fremd. Er nimmt diese Welt und uns in allen Schattierungen an, denn er ist ein Gott der Höhen und Tiefen, des Lichts und der Finsternis. »Er lässt ja seine Sonne aufgehen über Böse und Gute und regnen auf Gerechte und Ungerechte.« (Mt 5,45) Mit diesem Kind ist der Welt ein Mensch geboren, wie Gott ihn gemeint hat. Mit ihm wird Gott das Böse verwandeln durch die Kraft der Liebe (vgl. Mt 5,38–45).

Wir würden die Friedensvision des Jesaja und die Friedensmission Jesu missverstehen, wollten wir sie als fromme Illusionen deuten. Es ist vielmehr ein Traum, in dem wir den Beginn einer neuen Wirklichkeit entdecken sollen. Es ist der Traum Gottes von uns.

Und wenn wir uns im Advent in Gottes Träume von uns hineinträumen, erahnen wir vielleicht etwas von unseren eigenen Möglichkeiten, spüren wir, wozu wir befähig sind: die Welt im Sinne Gottes mitzugestalten.

Impulse

> Wovon träume ich privat wie gesellschaftlich?
> Wann und wo erfahre ich Frieden?
> Habe ich schon erfahren, dass Gegensätze überwunden werden können?

Ins Gespräch kommen

MATERIAL

> Holzreif
> Vier gleichlange Kanthölzer, die in den Holzreif passen
> Tannengrün
> Vier Kerzen
> Arbeitsblatt (siehe Seite 54)
> Text Jesaja 11,6–9
> Papier, Stifte
> Material für die Collage: z. B. Plakatkartons, Zeitschriften, unterschiedliche Materialien (z. B. Federn, Stacheldraht, Steine usw.), Scheren, Klebstoff
> Evtl. für jeden Teilnehmer ein Strohkranz zum Basteln eines Adventskranzes (in Bastelgeschäften erhältlich), Tannengrün, Nadeln zum Feststecken des Tannengrüns und Drähte zum Befestigen der Kerzen (beides in Bastelgeschäften erhältlich). Es empfiehlt sich, die Teilnehmer selbst die Kerzen und das Dekomaterial für ihren Adventskranz mitbringen zu lassen.
> Lied: »Wir sagen euch an den lieben Advent« (GL 115)

GRUPPENGRÖSSE 10–15 Personen

ZEIT 2 Stunden

VERLAUF

Legen Sie zunächst in die Mitte einen großen Holzreif und lassen Sie die Teilnehmer ihre Assoziationen zum »Kreis« äußern. (»Der Kreis – ein uraltes Symbol! Welche Gedanken und Erfahrungen versuchten die Menschen mit dem Symbol des Kreises auszudrücken?«)

Legen Sie dann mit Holzstäben in den Kreis ein Quadrat und fragen Sie auch hier nach den Assoziationen der Teilnehmer. (»Wo begegnet Ihnen die Zahl Vier? Was könnte das Quadrat symbolisieren? Was verbinden Sie mit Kreis und Quadrat?«)

Bedecken Sie nun den Holzreif mit Tannengrün und stellen Sie auf die Eckpunkte der Kanthölzer vier große Kerzen, sodass ein Adventkranz entsteht.

Nach den Vermutungen der Teilnehmer über die Symbolik des Adventskranzes können Sie noch einige Informationen über Geschichte und Symbolik des Adventskranzes (siehe Seite 51 f.) geben.

Je nach Gruppensituation könnte hier das Lied »Wir sagen euch an den lieben Advent« gesungen und je nach Adventswoche die entsprechende Anzahl von Kerzen entzündet werden.

Verweisen Sie nun nochmals darauf, dass der Adventskranz, die »Quadratur des Kreises«, die Möglichkeit des Unmöglichen, versinnbildlicht. Die folgende Übung greift diesen Gedanken auf und versucht eine Brücke in den Alltag der Teilnehmer zu schlagen.

Die Teilnehmer erhalten ein Arbeitsblatt (siehe Seite 54), das sie in Blockschrift ausfüllen und in einen Korb legen. Fragestellung:

> Was hat sich in meinem Leben ereignet, was ich nie für möglich gehalten hätte?

> Wovon träume ich, wenn ich an mein Leben denke, an das Leben in unserer Gesellschaft, in unserer Welt?

Lesen Sie nun die Zettel vor. (Achten Sie darauf, die Anonymität zu wahren!)

In einem weiteren Schritt weisen Sie nun darauf hin, dass das »Quadrat im Kreis« auch das Einbrechen Gottes in unsere Welt versinnbildlichen kann. Stellen Sie die Frage, wie eine Welt aussieht, die von Gott umfangen ist.

Erzählen Sie nun vom Propheten Jesaja, der in seiner Vision die von Gott umfangene Welt schildert. Skizzieren Sie zunächst die Situation des Jesaja, in der

er Jes 11,6–9 verfasste (siehe Seite 52f.). Lesen Sie dann gemeinsam mit den Teilnehmern den Text und tauschen Sie sich über die Stelle aus.
Mögliche Interpretationsfragen:
> Von welcher Welt träumt Jesaja?
> Welcher Umgang mit dem »Bösen« ist in Jes 11,6–9 angesprochen?
> Welches Bild spricht Sie besonders an? Versuchen Sie die Bilder zu deuten!
> Welchen Weg zur Versöhnung der Welt zeigt Jesaja auf?
> Der Löwe in mir, das Lamm in mir – wie gehe ich mit beiden um?

Bitten Sie nun die Teilnehmer, in Kleingruppen die Jesaja-Stelle zu aktualisieren:
> Gestalten Sie die Vision des Jesaja als Collage. Versuchen Sie, an die Stelle der Tiere Menschen oder Symbole treten zu lassen!
Nach einer angemessenen Phase der Gruppenarbeit können die Collagen der Kleingruppen vorgestellt werden.
Je nach Reflexionsgrad der Gruppe kann nun gefragt werden, ob solche Visionen Illusion oder Anreiz sind, die Welt im Geiste Jesu zu gestalten.

Je nach Gruppensituation sind abschließend unterschiedliche Wege denkbar:
> Es kann konkret gefragt werden, wie »Visionen« ansatzweise verwirklicht werden können, zum Beispiel in der konkreten Stadt oder Gemeinde. Hier würde sich dann ein konkretes Projekt anschließen, zum Beispiel ein Gespräch mit Gruppen, die »fremd« erscheinen. Inhalt des Gespräches könnten Fragen nach Schwierigkeiten, Wünschen und Motiven der jeweiligen Gruppen sein.
> Alternativ kann die Gruppe einen Kurs zum Thema Mediation (Streitschlichtung) besuchen.
> Alternativ kann aber auch jeder Teilnehmer unter Anleitung einen Adventskranz binden und schmücken. Hier empfiehlt es sich, eine in Floristik erfahrene Person hinzuzuziehen.

Infos

ADVENTSKRANZ

Der Brauch, in den Wochen des Advents einen aus Fichtenzweigen gewundenen Kranz mit vier Kerzen und violetten oder roten Bändern aufzustellen, hat sich mittlerweile in weiten Teilen Europas verbreitet, obwohl dieses Symbol noch vergleichsweise jung ist.

Der evangelisch-lutherische Pastor Johann Hinrich Wichern (1808–1881) gründet 1833 das »Rauhe Haus« in Hamburg-Horn, wo gefährdete Jugendliche von ihm betreut werden. Im Rahmen täglicher Adventsandachten wird etwa ab 1838/39 jeden Abend eine Kerze entzündet und auf einen Holzreif gesteckt, sodass am Heiligen Abend der ganze Reif voller brennender roter und vier größerer weißer Kerzen leuchtet. Wichern interpretiert den Lichterkranz als ein Zeichen dafür, dass Christus, »das Licht« (Joh 8,12), in die Welt gekommen ist.

Später kommt der Brauch hinzu, die Wände des Saales im Advent mit Tannengrün zu schmücken. Etwa ab dem Jahr 1860 wird auch der Holzreif mit Tannengrün umwunden. Dieser Brauch, einen Kranz mit Fichtengrün und Kerzen aufzustellen, setzt sich schnell in evangelischen Familien Norddeutschlands durch, nachdem andere Versuche wie Adventsbäumchen oder Adventsgestelle nicht angenommen werden. Allerdings hat dieser Kranz nun nur noch vier Kerzen im Hinblick auf die vier Adventssonntage.

Da dieser Brauch als »evangelisch« angesehen wird, verbreitet er sich nur zögerlich von Norden nach Süden in katholischen Familien und Gemeinden. 1925 wird der erste Adventskranz in einer katholischen Kirche Kölns aufgestellt, 1930 in München. Später werden z. B. in der Gegend Berchtesgadens die Adventskränze am Samstag vor dem 1. Advent in der Kirche geweiht.

Die Zahl der vier Kerzen weist darauf hin, dass Christus in unsere Welt, auf unsere Erde gekommen ist. Manchmal wird die Zahl Vier auch in Verbindung gebracht mit den vier Jahrtausenden, in denen nach jüdischer Zeitrechnung Israel auf den Erlöser gewartet hat. Das sich vermehrende Licht ist Hinweis auf die immer näher rückende Ankunft des Erlösers, der schon seinen Lichtschein wirft. Sein Kommen wird die Menschen mit neuem Leben und Wärme in dieser kalten Zeit erfüllen. Zeichen dieser Hoffnung und der freudigen Erwartung seiner Geburt sind die grünen Zweige.(6)

JESAJA

Jesaja wird als der größte Prophet Israels bezeichnet. Er entstammt gebildeten Kreisen in der Jerusalemer Oberschicht und ist mit einer prophetisch begabten Frau verheiratet, mit der er mehrere Kinder hat. Er wird im Todesjahr des Königs Usija 739 v. Chr. berufen und wirkt etwa bis zum Jahr 701 v. Chr. Seine letzten Lebensjahre bleiben im Dunkeln.

In mehreren Prophetien setzt er sich mit der Situation der Menschen und der Politik im Südreich Juda auseinander. Er benennt in scharfer Form ungerechte soziale Zustände besonders in Bezug auf die Armen Jerusalems und wendet sich gegen eine verhängnisvolle Bündnis- und Kriegspolitik der Könige seiner Zeit. Scharfe Gerichtsworte begleiten seine Prophetien. Er wirbt bei den Menschen für Glauben und Vertrauen gegenüber Gott, beschreibt ihn als Herrn der Weltgeschichte, der seine Hand voller Weisheit über sein Volk Israel hält. Jesaja fordert grundlegende Verhaltensänderungen im politischen wie im sozialen Handeln, um dem Willen Gottes zu entsprechen. In seinen Prophetien entwirft er das Bild des Messias, der auf dem Thron Davids herrschen und ein Friedensreich errichten wird. Mit ihm wird eine andere, gottgefüllte Zeit anbrechen.

Schon zu Lebzeiten versammelt Jesaja Schüler um sich. Seine Worte werden vielfach von ihnen kommentiert, erweitert und in späteren Zeiten in seinem Geist neuen Situationen angepasst.(7)

JESAJA 11,6–9

Während im Kapitel 10 das Gericht über Jerusalem und das Großreich Assur angedroht wird, lenkt das Kapitel 11 den Blick auf die folgende Heilszeit. In den Versen 1–5 wird der soziale Frieden unter den Menschen geschildert, wo vollkommene Gerechtigkeit herrscht. Hieraus folgt der in den Versen 6–9 beschriebene Frieden in der Natur, der an den urzeitlichen Frieden im Paradies denken lässt, der Menschen und Tiere umfasst. Urzeit und Endzeit entsprechen einander, ja der endzeitliche Friede bedeutet die Rückkehr ins Paradies, die so gedacht wird, dass alle Tiere nur Pflanzen als Nahrung aufnehmen (vgl. Gen 1,30). Alte Feindschaften bestehen nicht mehr. So können Wolf und Lamm beieinander wohnen, Kuh und Bärin sich anfreunden, Kalb und Löwe gemeinsam weiden. In dieser gefahrlosen Idylle können Knaben das Hirtenamt versehen (die Sehnsucht eines jeden Hirten), ja der Säugling vermag mit der giftigen

Schlange zu spielen. Die Feindschaft zwischen Mensch und Tier ist endgültig aufgehoben. Das Böse in der Welt ist überwunden.

Bemerkenswert ist, dass die Überwindung des Bösen in Jes 11,6–9 nicht dadurch geschieht, dass das Böse ausgerottet wird – Löwe und Leopard, Schlange und Natter, sie dürfen weiter sein. Recht und Frieden kann anscheinend nicht hergestellt werden, indem man das »Böse« beseitigt.

Es ist ja auch nicht so einfach, die Welt in Gut und Böse zu teilen und dann das Böse rigoros auszumerzen. Ein Blick in die eigene Seelenlandschaft bestätigt dies: Wer kann schon beurteilen, ob die Suche nach Wahrheit nicht auch begleitet ist von Geltungssucht und Selbstdarstellung, ob nicht im Haus der Liebe ein Stück Besitzen-Wollen angesiedelt ist. Gut und Böse – sie wohnen nicht nur in der Friedensvision des Jesaja nahe beieinander. Auch in unserer Lebenslandschaft grasen sie auf einer Weide.

Der Weg zum Frieden wie ihn Jesaja beschreibt, scheint nicht der Weg der Vernichtung des Bösen zu sein, vielmehr der Weg der Annahme und der Wandlung. Das Geheimnis des verkündeten Messias, das Geheimnis Jesu, besteht darin, dem Bösen das Zerstörerische zu nehmen durch die Kraft der Liebe, die darauf vertraut, dass Gott nichts geschaffen hat, was schlecht ist. Denn Gott lässt seine Sonne aufgehen über Gute wie Böse, über Sünder wie Gerechte.

Dieses Vertrauen kann auch uns befähigen, dem anderen, dem Fremden, dem Gegner, dem »Bösen« Daseinsberechtigung zuzugestehen, zuzuhören, nach Gründen und Schwierigkeiten zu fragen und ohne Furcht gütig zu sein. Dies ist der Weg, den Jesus ging – kein einfacher Weg, aber der Weg, der zum Frieden führt.

Material

> Was hat sich in meinem Leben ereignet,
  was ich nie für möglich gehalten hätte?
> Wovon träume ich, wenn ich an mein Leben,
  an das Leben in unserer Gesellschaft, in unserer Welt denke?

DIE TÜR ZUM PARADIES

Heut schließt er wieder auf die Tür
zum schönen Paradeis.

NIKOLAUS HERMAN

Gedanken und Erfahrungen

Türen übten schon immer eine Anziehungskraft auf Menschen aus. Wir alle haben »Türerfahrungen«, kennen das Herzklopfen vor fremden Türen, hinter denen ein Prüfer, ein Arzt, der Chef warten. Wir kennen die freudige Erwartung vor den Türen von Freunden und lieben Verwandten. Türen können trennen und ausgrenzen, aber auch verbinden, schützen, Geborgenheit geben.

Wie keine andere Zeit im Kirchenjahr steht die Adventszeit im Zeichen der Türsymbolik. Kleine Kinder fiebern dem 1. Dezember entgegen, um die erste Tür des Adventskalenders zu öffnen. Und auch noch Jugendliche sind davon fasziniert, täglich ein Türchen aufzumachen und die Schokolade auf der Zunge zergehen zu lassen. Ja, so süß müsste das Leben schmecken! So einfach müsste es sein: die Tür zwischen dem oft so bitteren Leben und dem »Milch-Honig-Land« zu öffnen und ein wenig vom Himmel zu ahnen.

Im Alten Testament taucht das Bild der Tür auf, als Gott die Hebräer befreit, ihnen Zukunft eröffnet (vgl. Ex 12). Sie werden herausgeführt aus der Enge der Sklaverei in ein neues Land. Auch im Neuen Testament wird die Tür in diesem positiven Sinn gebraucht. In Joh 10,9 sagt Jesus: »Ich bin die Tür; wer durch mich hineingeht, wird gerettet werden; er wird ein- und ausgehen und Weide finden!« In der Begegnung mit Jesus werden die Menschen »Weide finden«, wird die Tür zum Paradies geöffnet. Dies erfahren Kranke (Mk 8,22–25), Kinder (Mk 10,13–16), Sünder (Joh 8,1–11) und Zöllner (Mk 2,13–17; Lk 19,1–10). Hier erahnen sie, wie Leben sein könnte, hier bekommt das Leben den Geschmack von »Milch und Honig«, öffnet sich der Himmel.

Nikolaus Hermann kleidet die Weihnachtssehnsucht in folgende Worte:

»Heut schließt er [Gott] wieder auf die Tür zum schönen Paradeis, der Cherub steht nicht mehr dafür ...«

Bei all dem darf das uns verheißene Paradies nicht mit dem Schlaraffenland verwechselt werden. Hinter der letzten Tür des Adventskalenders wohnen ein Mann, eine Frau und ein Kind im Stall, im Schmutz und »Mist« des Lebens. So sind wir gerade an Weihnachten mit all unserer Sehnsucht nach dem »Himmel« wieder auf die Erde verwiesen. Das »Paradies«, der »Himmel«, Gott – sie sind nicht in weiter Ferne erfahrbar, sondern mitten in unserem Leben, in all seinem Schmutz und seiner Unvollkommenheit.

Herman van Veen hat dies in seiner »Türgeschichte« zum Ausdruck gebracht. Er erzählt, wie er bei einem Spaziergang eines Tages an einem Haus vorbeikommt. Auf dem Türschild liest er G.OTT. Er will die Chance seines Lebens nutzen und Gott vor dem Himmel sprechen. So klopft er zaghaft an. Ein altes Frauchen öffnet die Tür und Herman van Veen fragt, ob Gott denn zu Hause sei. Das alte Frauchen antwortet: »Du sprichst mit ihm, junger Mann!«

Impulse

> Welche wichtigen Türen gab und gibt es in meinem Leben?
> Wo erfahre ich »den Himmel« in meinem Leben, wo ist die Tür zum »schönen Paradeis« in meinem Leben ein wenig geöffnet?

Ins Gespräch kommen

MATERIAL:

- Verschiedene Adventskalender zum Gestalten der Mitte
- Tücher und Kerzen zum Gestalten der Mitte
- Meditative Musik, CD-Player
- Text: »immer ärger mit der 24« (siehe Seite 66)
- Text zur Stilleübung (siehe Seite 68)
- Joh 10,9 auf Plakatkarton geschrieben
- Evtl. Text »Gott vor dem Himmel sprechen« (siehe Seite 72f.)
- Fotokopierte Bibeltexte: Mk 8,22–25; Mk 10,13–16; Joh 8,1–11; Mk 2,13–17; Lk 19,1–10
- Fotokopierte Arbeitsanweisungen von S. 59
- Evtl. für den Adventskalender: Fotos von Türen auf Klappkarten (DIN A6); Verheißungsverse (siehe Seite 70) und Lk 2,9–12; Klebstoff, Scheren, Stifte, Zeitungspapier, Goldpapier, Farben, Pappe DIN A3 (für jeden Teilnehmer eine), evtl. Digitalkameras, mit welchen Türen der Stadt fotografiert werden können

> Evtl. Gesprächstermine mit unterschiedlichen Einrichtungen verabreden

GRUPPENGRÖSSE 12–20 Personen

ZEIT ca. 2 Stunden
Evtl. ein Zusatztreffen in Kleingruppen, um Besuche zu machen

VERLAUF
Gestalten Sie eine Mitte mit unterschiedlichen Adventskalendern, u. a. auch mit einem selbst erstellten Kalender, auf welchem fünf Türen zu sehen sind (Türfotos auf Klappkarten!). Auf eine der Klappkarten ist Lk 2,9–12 geschrieben, während in die vier restlichen Doppelkarten folgende Bibelstellen geschrieben sind: Mk 8,22–25; Mk 10,13–16; Joh 8,3–11; Lk 19,1–9.
Lesen Sie zunächst die Geschichte »immer ärger mit der 24« vor und lassen Sie die Teilnehmer von der »Adventskalendertradition« ihrer Familie erzählen. Stellen Sie dann die Frage, warum das »Türchen-Öffnen« so fasziniert.

Leiten Sie nun über zu einer Stilleübung, indem Sie darauf hinweisen, dass Türen im Leben eines jeden Menschen eine Rolle spielen (siehe Seite 56f.). Bitten Sie die Teilnehmer, sich bequem hinzusetzen oder auch zu legen und sich auf die folgende Stilleübung einzulassen (siehe Seite 68f.). Leise Meditationsmusik im Hintergrund kann die Übung erleichtern.

Nach der Stilleübung fragen Sie die Teilnehmer nach ihren Erfahrungen:
> War es leicht/schwer, in die Übung hineinzukommen?
> Möchte jemand von seinen Türen erzählen?

Legen Sie nun Joh 10,9 auf Plakatkarton geschrieben in die Mitte.
Sprechen Sie mit der Gruppe über diesen Vers, indem Sie die Teilnehmer bitten, ihre Gedanken zu äußern.
Weisen Sie darauf hin, dass Jesus seinen Zuhörern mit diesem Bibelwort sagen will, dass durch die Begegnung mit ihm Türen geöffnet, Mauern und Ausgrenzung überwunden werden (»er wird ein- und ausgehen«) und Leben in Fülle (» er wird ... Weide finden«) gegeben wird. So wird Jesus zur Tür des Lebens. Dies wird besonders in den Jesusgeschichten deutlich.

Öffnen Sie nun die vier Türen des von Ihnen gestalteten Adventskalenders und weisen Sie auf die dort notierten Geschichten hin, in denen Jesus den beteiligten Personen »Türen öffnet«.
In Kleingruppen können sich die Teilnehmer nun mit je einer Bibelstelle beschäftigen, z. B. in Form eines pantomimischen Bibliodramas.

Geben Sie den Kleingruppen (mindesten drei, höchstens sieben Personen) neben der jeweiligen Bibelstelle (fotokopierte Texte) folgenden Arbeitsauftrag (als Fotokopie):

> Lesen Sie zunächst den Text gemeinsam durch!
> Entscheiden Sie, in wie viele »Akte« Sie den Text gliedern wollen!
> Entscheiden Sie, welche Personen auftreten sollen und wer die jeweilige Rolle übernimmt!
> Versuchen Sie nun, den Text **ohne Worte** zu spielen! Versuchen Sie das, was Sie sagen wollen, durch Gesten **in Zeitlupe** zu gestalten.

Nach einer angemessenen Phase der Gruppenarbeit trifft sich die Gesamtgruppe, um das Erarbeitete vorzuspielen. Dabei ist Folgendes zu beachten:

> Teilen Sie den Raum deutlich in »Bühne« und »Zuschauerraum« auf!
> Als Raumgliederung ist ein »Vorhang« (Decke) denkbar, der von Teilnehmern zu Beginn und zwischen den »Akten« hochgehoben und gesenkt wird.
> Gliedern Sie die Spielzeit durch Ein- und Ausmarsch der Spieler – Lichtaufleuchten – Applaus. Dies erleichtert die Rollenübernahme durch die Spieler.
> Vor Beginn des Spiels sagt ein Sprecher der Gruppe: »Wir spielen ... in ... Akten.« Jeder Spieler stellt sich dann vor: »Ich bin ...«
> Nach dem Spiel liest der Sprecher den gespielten Bibeltext vor.
> Dann ermutigen Sie die Spieler zu erzählen, was sie durch das Spiel erlebt haben und was sie am Bibeltext berührt hat.
> Anschließend können die Zuschauer darüber sprechen, was sie beim Beobachten des Spiels empfunden haben, was ihnen aufgefallen ist.
> Die Spieler gehen am Ende mit Dank und Applaus von der »Bühne«.

Nachdem alle Gruppen ihre Pantomime vorgestellt haben, fassen Sie nochmals zusammen (»In der Begegnung mit Jesus wird die Tür zum Paradies geöffnet«). Öffnen Sie dann die letzte Tür des Adventskalenders, hinter der die Geburts-

Ende sind, wo wir in eine Sackgasse geraten sind, wo wir uns unverstanden und abgelehnt und ausgestoßen fühlen, gerade dort will Gott in uns geboren werden.«[12]

MARKUS 2,13–17: DIE BERUFUNG DES LEVI UND DAS MAHL MIT DEN ZÖLLNERN

Hier wird von Jesu Lehrtätigkeit berichtet, ohne dass dem Leser der Inhalt der Lehre mitgeteilt wird. Hauptgegenstand bei Markus ist die nahe gekommene Gottesherrschaft, die die Nähe und Tischgemeinschaft Jesu mit Zöllnern und Sündern ermöglicht. Der Zöllner Levi nimmt den Ruf Jesu sofort an.

Nach der Berufung wechselt die Szene ins Haus des Levi, wo man mit vielen früheren Kollegen Levis zusammensitzt und isst. Bei den Schriftgelehrten erregt dies Widerspruch. Sie wenden sich gegen diese Lehre und Praxis Jesu, der die Unterscheidung zwischen Sündern und Gerechten relativiert. Jesus propagiert nicht den Ausschluss der Sünder und den Kontaktabbruch, sondern überwindet die Sünde dadurch, dass er zu den Sündern geht, sie annimmt, ihnen ihre Würde zurückgibt und so die Sünder »heimholt«. Diese werden mit Gott versöhnt und vermögen dann umzukehren.

Die spätere Kirche leitet von diesem Wort Jesu (V. 17) den Auftrag her, sich dem Dienst an den Kranken zuzuwenden und dem Vorbild Jesu auch hier nachzueifern.[13]

MARKUS 8,22–25: DIE HEILUNG EINES BLINDEN BEI BETSAIDA

In der Erfahrung der Auferstehung Jesu sehen die Jünger die Begegnungen mit Jesus in einem anderen Licht. Das »Kehrt um« kann auch übersetzt werden mit »Erkennet um«, nehmt eine neue Blickrichtung ein, lernt richtig sehen. Dafür steht diese Blindenheilung, die Markus schildert. Die sehr umständlich und ausführlich beschriebene Heilung führt bei dem Blinden zu einer Wiedererlangung der Sehkraft, die Schritt für Schritt geschieht, Folge eines Heilungsprozesses ist.

Die Blindenheilung kann symbolisch gedeutet werden: Der Blinde steht für die »blinden Jünger«, denen von Jesus in einem längeren Prozess die Augen geöffnet werden, bis die Jünger wahrnehmen, worauf es ankommt. Dabei entspringt die Erkenntnis der Jünger der Begegnung mit Jesus, der sie an die Hand nimmt und mit dem sie mitgehen. Jesus schenkt ihnen diese neue Perspektive von Gott her.

Im sich kurz darauf anschließenden Bekenntnis des Petrus (Mk 8,27–30) erhält Jesus die erste Antwort aus dem Kreis der Jünger, wer er denn wirklich sei. [14]

MARKUS 10,13–16: DIE SEGNUNG DER KINDER

Die Jünger stehen den Kindern in dieser Szene ablehnend gegenüber, wahrscheinlich um Jesus in guter Absicht zu schützen. Ihre abwehrende Haltung ist Jesus einen wichtigen Hinweis zum Reich Gottes wert.

Um in das Reich Gottes zu gelangen, sind Vertrauen und Glauben entscheidend. Das sind keine Fragen von Leistung, Verdienst und Kraft, sondern bedeuten eine innere, existenzielle Haltung, die Gott alles zutraut. Wie ein unmündiges, leistungsunfähiges kleines Kind kann man sich die Zuwendung Gottes schenken lassen und im Glauben annehmen. Mehr braucht es eigentlich nicht. In der Segnung der Kinder bestätigt Jesus diese besondere Berufung der Kinder. [15]

JOHANNES 8,1–11: JESUS UND DIE EHEBRECHERIN

Das Streitgespräch über die Ehebrecherin ist in drei Teile geteilt: Anklage (V. 1–6a), Überwindung der Ankläger (6b–9a) und Vergebungsspruch Jesu (9b–11). Auf Ehebruch steht nach dem Gesetz des Mose die Todesstrafe. Spricht sich Jesus für die Frau aus, verstößt er gegen das Gesetz. Verurteilt er die Frau, wird er selbst seiner Vergebungsbotschaft untreu.

Jesus reagiert souverän. Er lässt die Umstehenden sich ihrer eigenen Schuld bewusst werden. Von ihrem eigenen Gewissen überführt, wird das selbstgefällige Richten der Ehebrecherin unmöglich. Wie alle anderen ist auch die Frau auf die Vergebung Gottes angewiesen. Mit dem Freispruch, Geschenk und Verpflichtung zugleich, vermag sie ein neues Leben zu beginnen.

In dieser Geschichte wird Jesus als Quelle dargestellt, aus der wir leben können: Er ist wahr als Lehrer, gütig als Befreier und gerecht als Richter. [16]

Material

IMMER ÄRGER MIT DER »24«

»Dieses Jahr gibt's aber keinen Adventskalender«, sagte die Mutter. »Ja klar«, dachte ich. Das sagt sie schon seit mindestens fünf Jahren. Und trotzdem hing am ersten Morgen im Dezember immer einer an der Wand in unserer Küche. Dabei ist so ein Adventskalender ja eigentlich etwas für Kinder, jemand über zwanzig Jahre sollte vielleicht lieber anderen eine Freude damit machen. Der Freundin zum Beispiel.

Gesagt, getan. Doch fiel die Wahl des richtigen »24-Türers« bei dem Angebot in Hamelner Geschäften nicht leicht. Vom einfallslos wirkenden Billig-Schokoplättchen-Klassiker für 49 Cent bis hin zur Luxusvariante mit Edelsüßigkeiten vom Spezialitätengeschäft für über 25 Euro war alles drin. Bei der Suche sollte man jedoch aufpassen, wer einen berät ... Ein Kumpel erzählt von dem SMS-Adventskalender, der sollte der »Kracher« in diesem Jahr sein. Jeden Tag piept das Handy und hat eine dieser fantastischen Überraschungen parat: 3 Klingeltöne, 9 Logos, 12 SMS-Sprüche. Was soll ich denn mit neun Logos? Und bei meinen Kurzmitteilungen krieg' ich auch so schon genug dumme Sprüche auf mein Handy, dafür muss ich keine fünf Euro zahlen.

Also war Weitersuchen angesagt. Der nächste gut gemeinte Ratschlag eines Freundes ließ mich grübeln. Er kauft sich seit einigen Jahren den »Tuborg-Pilsener«-Kalender. Jeden Tag kann er so mit einem frischen halben Liter beginnen. Spätestens nach einer Woche sollte sich doch da der Arbeitgeber zu Wort melden. Mein Freund macht das übrigens ganz geschickt, er öffnet die Türen der kompletten Woche immer erst am Freitagabend und hat dann mehr davon. »Ist eh nicht so überraschend, denn jeden Tag ist dasselbe drin«, sagte er. Kopfschüttelnd dachte ich, dass dieser Kalender nicht der Richtige für meine Freundin sei. Womöglich verschläft sie dann den Heiligabend noch, weil sie total verkatert ist.

In Supermärkten sah ich zig Varianten von besagten Schokoladenkalendern. Mit Smarties, Überraschungseiern, After Eight und anderem Dickmacherkram gefüllt. Ist doch langweilig, so was. Auf der weiteren Reise durch die Hamelner Innenstadt ließen meine Gedanken mich nicht mehr loskommen von den magischen 24 Tagen: Adventskalender-Wahn, wohin das Auge blickt.

Sogar das Hochzeitshaus hat riesige Türchen, jeden Tag zieht der Weihnachtsmann hier Lose und die Leute können etwas gewinnen. Na ja, das Hochzeitshaus passt nicht ganz an den Nagel in ihrer Küche.

Der rettende Einfall kam mir urplötzlich. Ein selbst gebastelter Kalender musste her! Darüber würde sie sich bestimmt riesig freuen und der wäre auch nicht so teuer. Doch weit gefehlt, allein die 24 Mini-Geschenke zu besorgen kostete eine Menge Zeit und Geld. Damit ging der Stress erst richtig los, in zwei Baumärkten und einem Bastelshop suchte ich nach Zubehör: einer passenden Holzplatte, etwas zum Befestigen der Geschenke, Geschenkpapier und Dekomaterial. Nach einigen Arbeitsabenden im kalten Keller war er endlich fertig: ein Prachtstück von Kalender, sogar von einer kleinen Lichterkette umgeben. Leider hielt das Holz nicht viel aus und brach in der Mitte beim vorletzten Bohrloch. »Na super, dann gibt's halt keinen Kalender, ist ja eh nur was für Kinder«, dachte ich.

Doch weder meine Freundin noch ich waren am Ende traurig, denn am ersten Dezember hing ja bei jedem ein Kalender in der Küche. Auf Mütter ist zum Glück Verlass.

STILLEÜBUNG: TÜREN

Setze oder lege dich bequem hin.
Suche dir eine Position, wo du zur Ruhe kommen kannst.
Richte deinen Blick zur Zimmerdecke oder an die gegenüberliegende Wand.
Dann schließe langsam deine Augen.
Versuche, mit deinen Augen dich von deiner Umgebung zu lösen und nach innen zu blicken. (20 Sekunden)
Spanne alle deine Muskeln an – und lass wieder los. (7 Sekunden – Pause)
Spanne deine Muskeln an – uns lass wieder los. (7 Sekunden – Pause)
Spanne deine Muskeln ein letztes Mal an – und lass wieder los. (10 Sekunden)

Achte nun auf deinen Atem. Dein Atem kommt und geht.
Er hält dich am Leben, ist dein Lebenshauch.
Deine eingeatmete Luft füllt deine Lunge, versorgt über das Blut deinen ganzen Körper mit Sauerstoff und gibt verbrauchte Luft wieder ab.
Und das Minute für Minute, Tag für Tag, Jahr für Jahr.
Dein Körper wird mit allem versorgt.
Ein Geschenk an dich.
Du hast nun Zeit für dich und kannst in deiner Phantasie auf eine Reise gehen.

In Gedanken erhebst du dich und verlässt ganz ruhig und langsam diesen Raum. (Pause)
Du gehst nach draußen (Pause)
Es ist wunderschönes Wetter und angenehm warm.
Du gehst einige Straßen durch unsere Stadt/unser Dorf. (Pause)

Nach einiger Zeit gelangst du an ein großes Museum.
Die Flügel des großen Eingangsportals sind weit geöffnet.
Sie laden dich ein, einzutreten.
Du gehst die Stufen hoch und betrittst eine riesige Ausstellungshalle.

Sogleich fällt dein Blick auf ein farbig gestaltetes Plakat mit einer Tür.
Dein Blick geht durch die Halle: Überall stehen Türen.
Du befindest dich in einer Türenausstellung.
Langsam gehst du an diesen Türen vorbei. (Pause)

Eine Tür fällt dir besonders auf: Sie hängt von der Decke. (Pause)
Vor einem großen Kirchenportal bleibst du stehen. (Pause)
In einem weiteren Raum sind enge Gartentore ausgestellt.

In Ruhe gehst du durch die Ausstellung und betrachtest alle Türen. (Pause)
Einige kommen dir bekannt vor.
Du entdeckst die Türen, vor denen du gewartet hast: (Pause)
ängstlich, (Pause)
voller Erwartung auf etwas besonders Schönes. (Pause).
Du entdeckst die Türen, hinter denen dich eine Prüfung erwartete. (Pause)
Du entdeckst Türen, hinter denen dich Frohes erwartete. (Pause)
Du entdeckst Türen, hinter denen liebe Menschen auf dich warteten. (Pause)
Am Ende geht dein Blick noch einmal zu den Türen, die die wichtigsten in deinem Leben sind und waren. (Pause)
Du gehst wieder in die Eingangshalle zurück.
Du verlässt die Ausstellung,
dann das Museum und gelangst wieder ins Freie. (Pause)
Draußen ist es angenehm warm.
Du gehst durch die Straßen zurück zu unserem Haus,
betrittst unseren Raum,
findest dich wieder an deinem Platz vor. (Pause)

Nun kannst du langsam wieder von der Traumreise zurückkehren.
Du spannst alle Muskeln kräftig an,
reckst und streckst dich,
öffnest deine Augen,
schaust dich um und nimmst die anderen hier im Raum wieder wahr.

VERHEIßUNGEN

»Habe ich dir nicht befohlen: Sei mutig und stark? Fürchte dich also nicht, und hab keine Angst; denn der Herr, dein Gott, ist mit dir bei allem, was du unternimmst.« (Josua 1,9)

»Der Herr segne dich und behüte dich.
Der Herr lasse sein Angesicht über dich leuchten und sei dir gnädig.
Der Herr wende sein Angesicht dir zu und schenke dir Heil.« (Numeri 6,24–26)

»Doch die Finsternis wird verscheucht; denn wer jetzt in Not ist, bleibt nicht im Dunkel!« (Jesaja 8,22b–23)

»Er gibt dem Müden Kraft, dem Kraftlosen verleiht er große Stärke.«
(Jesaja 40,29)

Jesus sagte zu ihnen: »Seid gewiss: Ich bin bei euch alle Tage bis zum Ende der Welt.« (Matthäus 28,20)

»Fürchte dich nicht, denn ich bin mit dir; hab keine Angst, denn ich bin dein Gott. Ich helfe dir, ja, ich mache dich stark, ja, ich halte dich mit meiner hilfreichen Rechten.« (Jesaja 41,10)

Jesus sagte: »Ich bin das Licht der Welt. Wer mir nachfolgt, wird nicht in der Finsternis umhergehen, sondern wird das Licht des Lebens haben.« (Johannes 8,12)

»Die aber, die dem Herrn vertrauen, schöpfen neue Kraft, sie bekommen Flügel wie Adler. Sie laufen und werden nicht müde, sie gehen und werden nicht matt.«
(Jesaja 40,31)

»Ist Gott für uns, wer ist dann gegen uns?« (Römer 8,31b)

»Der Herr ist dein Hüter, der Herr gibt dir Schatten; er steht dir zur Seite. Bei Tag wird dir die Sonne nicht schaden, noch der Mond in der Nacht.« (Psalm 121,5 f.)

»Ich rief zum Herrn in meiner Not, und er hat mich erhört.« (Psalm 120,1)

»Denn er befiehlt seinen Engeln, dich zu behüten auf all deinen Wegen.
Sie tragen dich auf ihren Händen, damit dein Fuß nicht an einen Stein stößt.« (Psalm 91,11 f.)

»Ich bin mit dir, ich behüte dich, wohin du auch gehst ... Denn ich verlasse dich nicht, bis ich vollbringe, was ich dir versprochen habe.« (Genesis 28,15 f.)

»Ich werde dich zu einem großen Volk machen, dich segnen und deinen Namen groß machen. Ein Segen sollst du sein.« (Genesis 12,2)

Gott spricht: »Denn ich gieße Wasser auf den dürstenden Boden, rieselnde Bäche auf das trockene Land. Ich gieße meinen Geist über deine Nachkommen aus und meinen Segen über deine Kinder.« (Jesaja 44,3)

»Du umschließt mich von allen Seiten und legst deine Hand auf mich.« (Psalm 139,5)

»Meine Hilfe kommt vom Herrn, der Himmel und Erde gemacht hat.« (Psalm 121,2)

»Ich werde einen Engel schicken, der dir vorausgeht. Er soll dich auf dem Weg schützen.« (Exodus 23,20 a.b)

»Der Herr ist mein Hirte, nichts wird mir fehlen.« (Psalm 23,1)

»Ich vertraue auf Gott und fürchte mich nicht.
Was können Menschen mir antun?« (Psalm 56,12)

»Denn Gott hat uns nicht einen Geist der Verzagtheit gegeben, sondern den Geist der Kraft, der Liebe und der Besonnenheit.« (2. Timotheusbrief 1,7)

»Werft alle eure Sorge auf ihn, denn er kümmert sich um euch.« (1. Petrusbrief 5,7)

»Gott ist die Liebe, und wer in der Liebe bleibt, bleibt in Gott, und Gott bleibt in ihm.« (1. Johannesbrief 4,16b)

GOTT VOR DEM HIMMEL SPRECHEN

Weihnachten, das heißt auch: Der Mensch begegnet Gott in den Menschen. Der holländische Liedermacher Herman van Veen hat dies so ausgedrückt:

Gestern habe ich das Haus gesehen
genauso wie ich es erfunden hab
mit roten Dachpfannen
Butzenscheiben
und grünen Fensterläden
unmittelbar hinter den
sechzehn Pappeln am Deich.

Mein Herz stand still
und ich ertrank beinah
in Gänsehaut.
Schrecklich nervös
ging ich zur Tür
auf dem Namensschild stand:
G punkt ott
das war die Chance
meines Lebens
Gott vor dem Himmel zu sprechen
ich hatte tausend Fragen
und nahm mir vor, mit etwas ganz
Einfachem zu beginnen
nicht sofort mein Pulver
zu verschießen
mit einer Frage
warum sind in deinem Namen
und dem des Vaterlandes so viel Kriege
geführt und so viel Menschen
geopfert worden
das könnte ihn
vielleicht abschrecken.

Ich überlegte eine ganz ganz
höfliche Frage
mit der ich beginnen würde:

Grüß Gott
Haben Sie auch was mit dem Lotto zu tun?

Ich stellte mir vor, dass er dann lachen
und sagen würde:
Nein, Hermannus Jantinus
dein Schicksal liegt in deiner Hand
oder so was Ähnliches
in jedem Fall etwas sehr Tiefsinniges.
Ich blieb nervös
holte tief Luft
und klopfte an die Tür.
Ein kleines
liebes
altes Frauchen öffnete.
»Guten Tag
ist Gott zu Hause?«
»Du sprichst mit ihm, junger Mann!«

(Herman van Veen)

LICHTBRINGER

Das Volk, das da wandelt im Dunkeln,
es sieht ein großes Licht!

JESAJA 9,1

Gedanken und Erfahrungen

Als Gruppe junger Eltern wollten wir mit unseren kleinen Kindern bei einem Kindergottesdienst in der Adventszeit Dunkelheit und Licht hautnah erleben. Gemeinsam gingen wir in die Krypta einer alten Klosterkirche und schalteten, nachdem wir ein Lied gesungen hatten, das Licht aus. Wir wollten uns nun einige Zeit der Dunkelheit aussetzen, um dann eine Kerze zu entzünden.

Bei all unseren Planungen hatten wir allerdings nicht mit der Reaktion unserer kleinen Kinder gerechnet. Kaum hatten wir nämlich das Licht ausgemacht, fingen mehrere Kinder an, angsterfüllt zu schreien. Sie ließen sich auch nicht durch gutes Zureden ihrer experimentierfreudigen Eltern beruhigen. Als das Weinen sich immer angsterfüllter und panischer gestaltete, brachen wir das »Experiment« ab.

Die Reaktionen der Kinder waren ursprünglich und direkt. Sie zeigen, was Dunkelheit für uns Menschen bedeutet. Im Dunkeln finden wir uns nicht zurecht. Die Welt ist ohne Anhaltspunkt, unser Dasein haltlos. Wir selbst fühlen uns orientierungslos, hilflos und allein gelassen. Die Fragen und Ängste, die verborgen unser Leben begleiten, kommen unmittelbar in uns hoch: »Wie, wenn das Leben doch in Chaos und Abgrund endet? Wie, wenn am Ende doch nicht das Licht der göttlichen Liebe, sondern abgrundtiefe Nacht steht?«

Kinder können diese Ängste nicht formulieren und kontrollieren, Kinder schreien diese Ängste heraus.

Nacht und Dunkelheit – das heißt Angst und Tod. Die dunkle Jahreszeit konfrontiert uns mit diesen existenziellen Ängsten. Weshalb sonst betreiben wir ab Anfang Dezember einen solchen Aufwand: kaum ein Vorgarten ohne Lichterkette, kaum ein Haus ohne Fenster mit elektrischen Kerzen, ganz zu schweigen von den Innenstädten mit Lichtergirlanden und leuchtenden Weihnachtsbäumen.

Hinter all dem schimmert die existenzielle Angst vor Dunkelheit und Nacht hindurch. Wir versuchen heute die Dunkelheit durch Tausende von elektrischen Lichtern zu vertreiben und merken dabei nicht, dass uns diese Lichterflut blind macht. Ähnlich einem Sänger, der im Rampenlicht steht und seine Umgebung nicht mehr wahrnehmen kann, so sind auch wir geblendet von der

Fülle des Lichts. Zu viele Lichter lassen uns genauso orientierungslos und haltlos durch die Welt gehen wie die bloße Nacht. Die vielen Lichter machen uns blind für die Tiefe und Dunkelheit unseres Lebens.

In einem modernen religiösen Lied heißt es: »Ich will gegen das Geleucht der Lichter meinen Dunkelheiten trauen!« Wenn ich bereit bin, meine Ängste und Dunkelheiten auszuhalten, bin ich fähig, meine Sehnsucht nach Erlösung wahrzunehmen, kann ich erahnen, was der Jesaja-Vers bedeutet: »Das Volk, das im Dunkeln lebt, es sieht ein helles Licht!« (Jes 9,1a) Wenn ich mich der Dunkelheit meines Lebens ausgesetzt habe, kann ich die befreiende Botschaft Jesu erahnen: »Ich bin das Licht der Welt. Wer mir nachfolgt, wird nicht in der Finsternis umhergehen, sondern wird das Licht des Lebens haben!« (Joh 8,12)

Jesus verheißt uns hier nicht das Licht der Weihnachtsmärkte, das uns orientierungslos macht. Er verspricht uns: Wer es wagt, sich auf mich einzulassen, der irrt nicht orientierungslos durch die Welt, der tappt nicht im Dunkeln. Die Orientierung, die Jesus unserem Leben gibt, ist die Erfahrung des unbedingten Angenommen-Seins und des Gehalten-Seins über alle Abgründe hinweg. Dies bringt Licht in das Dunkel unserer Gedanken und Gefühle und befähigt uns, selbst für andere zu Lichtträgern zu werden. »Ihr seid das Licht der Welt. Eine Stadt, die auf einem Berg liegt, kann nicht verborgen bleiben. Man zündet auch nicht ein Licht an und stülpt ein Gefäß darüber, sondern man stellt es auf den Leuchter; dann leuchtet es allen im Haus. So soll euer Licht vor den Menschen leuchten, damit sie eure guten Werke sehen und euren Vater im Himmel preisen.« (Mt 5,14–16)

Am 13. Dezember feiert die Kirche das Fest der heiligen Luzia. Sie war in ihrem Leben Lichtbringerin. Zur Zeit der Christenverfolgung im dritten Jahrhundert nach Christus brachte sie den verfolgten Christen, die sich in den Katakomben versteckt hatten, Lebensmittel. Um den Weg im Dunkeln zu finden, setzte sie sich einen Lichterkranz auf. So hatte sie die Hände frei, um Speisen zu tragen. Im Jahre 304 starb sie als Märtyrerin.

Das Luziafest wurde früher am damals kalendarisch kürzesten Tag des Jahres gefeiert – eine Ermutigung, der Nacht zu trotzen, sie mit Licht zu füllen, um dem Beginn des Tages hoffnungsvoll entgegenzugehen.

Advent heißt: Licht dahin bringen, wo es dunkel ist.

Impulse

> Kann ich mich den Dunkelheiten meines Lebens aussetzen?
> Von welchen Menschen kann ich sagen, dass sie für mich wie ein Lichtblick sind?
> Wem bin ich Lichtbringer? Kann ich daran glauben, dass die Welt durch mich heller und wärmer wird?

Ins Gespräch kommen

MATERIAL

- Eine große Kerze, schwarze Tücher, Streichhölzer
- Bienenwaben zum Rollen von Kerzen und Kerzendochte (so viel Material, dass jeder Teilnehmer eine Kerze rollen kann)
- Kassettenrekorder/CD-Player, ruhige Musik
- Navidadau bzw. Taizé: »In dunkler Nacht wollen wir ziehen«
- Tanzanleitung (siehe Seite 93)
- Evtl. Mandala (siehe Seite 94) sowie (Bunt-)Stifte
- Farbkopie/Dia von Hildegard v. Bingens »Das göttliche Licht« (siehe Seite 85)
- Overheadprojektor bzw. Diaprojektor
- Evtl. Vereinbarung von Besuchsterminen bei Polizei, Feuerwehr oder in einem Krankenhaus

GRUPPENGRÖẞE 10–15 Personen

ZEIT ca. 3 Stunden (wenn Besuche gemacht werden, ansonsten entsprechend weniger)

VERLAUF

Gehen Sie mit der Gruppe in einen schwach beleuchteten Raum (am besten in eine Kirche in der Zeit der fortgeschrittenen Dämmerung). Bitten Sie die

Gruppe, sich in einen vorbereiteten Sitzkreis zu setzen. Die Mitte wird gestaltet durch ein schwarzes Tuch mit einer noch nicht entzündeten Kerze.

Bevor Sie die folgende Stilleübung beginnen, bereiten Sie die Teilnehmer darauf vor, dass Sie während der Übung das Licht löschen werden, sodass der Raum dunkel sein wird. Fragen Sie die Teilnehmer jedoch auf jeden Fall auch, ob sie es lieber hätten, wenn noch eine Kerze brennen bleibt.

Beginnen Sie dann mit der Übung.
Bitten Sie die Teilnehmer, sich bequem hinzusetzen und die Augen zu schließen.
Nach einiger Zeit formulieren Sie:
> Wir wollen drei Minuten erspüren, wie die Dunkelheit ist.
Während der Übung wird die Beleuchtung gelöscht. Falls ein Teilnehmer gebeten hat, eine Kerze brennen zu lassen, löschen Sie zwar die Raumbeleuchtung, entzünden aber die Kerze in der Mitte. Dann entfällt die folgende Übung. Sie fahren fort mit den Fragen zum Erfahrungsaustausch.

Bitten Sie nun die Teilnehmer, die Augen zu öffnen:
> Öffnen Sie nun die Augen und nehmen Sie die Dunkelheit wahr! Welche Konturen zeichnen sich ab?

Im Anschluss an die Übung können die Erfahrungen ausgetauscht werden:
> Welches Zeitgefühl hatten Sie in der Dunkelheit?
> Welche Empfindungen stiegen hoch?
Je nach Gruppensituation können Sie hier Infos zur Lichtsymbolik geben (siehe Seite 80).

Erläutern Sie nun kurz die Situation des Jesaja (siehe Seite 81) und zitieren Sie Jesaja 9,1 (»Das Volk, das im Dunkeln lebt, sieht ein helles Licht, über denen, die im Land der Finsternis wohnen, strahlt ein Licht auf.«).
Entzünden Sie dabei die Kerze in der Mitte.

Sie könnten das Gesagte nun mit der Gruppe durch einen einfachen Tanz mit dem Thema »Vom Dunkel zum Licht« vertiefen (siehe Seite 93).

Alternativen

> Alternativ können Sie das Taizélied »In dunkler Nacht« singen oder gemeinsam hören.
> Sie können die Teilnehmer aber auch anregen, ein Licht-Mandala auszumalen (siehe Seite 94). Dieser Weg erleichtert den Zugang zum folgenden Bild der Hildegard von Bingen.

Gleichgültig, welche Möglichkeit Sie gewahlt haben, können Sie nun in einem weiteren Schritt das Bild »Das göttliche Licht« der Hildegard von Bingen gemeinsam betrachten (Hilfen zur Interpretation siehe Seite 91). Als Betrachtungsimpulse sind folgende Anregungen denkbar:

> Was sehen Sie? (Bildbeschreibung)
> Was fällt Ihnen besonders auf? (Fokussieren)
> Welche Empfindungen löst das Bild in Ihnen aus? (Wertung)

Weisen Sie am Ende der Bildbetrachtung auf den Menschen in der Bildmitte hin und zitieren Sie Hubertus Halbfas, der über diese Gestalt schreibt:

Schüler: Der Mensch in der Bildmitte – kann ich es sein?
Lehrer: Es ist Christus. Du bist es. Ich bin es auch.[17]

Hier könnte sich eine Stillarbeit anschließen unter folgender Fragestellung:

> Was verbinden Sie mit der Aussage Jesu: »Ich bin das Licht der Welt« (Joh 8, 12)?
> Welche Menschen sind für Sie ein Lichtblick?
> Für wen dürfen Sie Licht sein?

Je nach Gruppensituation kann ein Auswertungsgespräch in der Gesamtgruppe oder in Partnerarbeit geschehen. (Bei Letzterem würden sich die Teilnehmer ihren Gesprächspartner selbst suchen.)
Als Zusammenfassung des Gesprächs können Sie auf Joh 8,12 und Mt 5,14–16 verweisen (siehe Seite 81 f.).
Am Ende des Treffens können Sie auch auf Luzia verweisen, die Mt 5,14–16 in ihr Leben umsetzte und an die wir uns heute noch am 13. Dezember jeden Jahres erinnern (siehe Seite 91).

»Jesus sagt uns damit, dass er Licht in die Dunkelheit der Menschen bringt. Wo er ist, wird die Welt heller. (...) Im Lichtwort Jesu drückt sich die Erfahrung aus, die Johannes und seine Gemeinde mit Jesus gemacht haben. Es ist die Erfahrung, dass die Menschen es in der Nähe Jesu wagen, die Augen zu öffnen. Da wird ihnen alles klar. Sie tappen nicht mehr im Finstern herum. Sie werden durch den Glauben erleuchtet. Sie sehen das innere Licht, das Gott in jeden gelegt hat. Sie versinken nicht in der Dunkelheit ihrer Depression.«[20]

Im zweiten Teil des Verses stehen sich Finsternis und Licht dualistisch und diametral gegenüber wie Nacht und Tag, Gleichgültigkeit und Liebe, Tod und Leben. Wer der Einladung und dem Ruf Jesu folgt, wer ihm und seiner Botschaft traut, der wird das Leben haben, ganz und in Fülle, den Tod überwindend. Wer diese Einladung ausschlägt, der wird das Wesentliche seines Lebens verfehlen.[21]

MATTHÄUS 5,14–16: IHR SEID DAS LICHT DER WELT

Als »Licht der Welt« werden in der jüdischen Tradition Israel, die Stadt Jerusalem, das richtungsweisende Wort der Thora und Gerechte wie Gesetzeslehrer genannt.

In diesem Abschnitt wird die Gemeinde der Jünger mit dem Licht verglichen. Sie sind »Kinder des Lichts«, die das Dunkel hinter sich gelassen haben. Den lieblosen Lebenswandel ablegend, sollen sie vorbildlich im Geist Jesu leben, sodass andere dadurch angezogen werden. Wie das Licht ein ganzes Haus zu erleuchten vermag (Matthäus geht von einem damals üblichen Ein-Raum-Haus aus), so macht die Liebe der Jünger das Leben der Menschen hell.

Durch die »Werke der Barmherzigkeit« werden nicht die Jünger gerühmt, sondern der hinter ihnen stehende »Vater im Himmel«, der Grund dieser Liebesfähigkeit ist. Alles Tun der Jünger hat seinen Ursprung in der Erfahrung des liebenden Gottes. Und so scheint durch ihr Tun Gott hindurch. Alles, was sie sind und tun, ist Geschenk Gottes.[22]

Marc Chagall, Mose vor dem brennenden Dornbusch (undatiert)
Öl auf Leinwand, 195 x 312 cm, Musée National Message Biblique Marc Chagall, Nizza,
© VG Bild-Kunst, Bonn

© Sieger Köder, Abraham. Die Nacht von Hebron

Miniatur „Das göttliche Licht", Codex Liber Scivias, Liber II, Visio II, um 1180 verschollen, © Abtei St. Hildegard, Rüdesheim-Eibingen

Hildegard sieht im Zentrum eine Menschengestalt. Diese ist mit einem saphirblauen Gewand bekleidet, barfüßig, schaut würdevoll und ernst und hat die Hände erhoben. Die Gestalt steht inmitten einer kreisrunden, funkelnden, sanftroten Glut. Beide sind umflossen und ganz durchflutet von einem weiteren hellen Lichtkreis. Das helle Licht steht für Gott, der alles durchdringt, der lodernde Innenkreis für den Geist, der Lebendigkeit und Wärme ist. Die Gestalt im Zentrum steht für Christus, der ganz von Gott durchdrungen ist und vom Geist Gottes eingehüllt wird.

In dieser Dreifaltigkeitsdarstellung sind alle drei aufeinander bezogen und ineinander verwoben, bilden eine Einheit und sind doch voneinander verschieden, symbolisieren Kraft und Macht und offenbaren sich als Liebe.

Gott und Geist sind in diesem Mandala symbolisch als Kreise dargestellt. Der Kreis ist das Symbol der Vollkommenheit. In ihm sind alle Gegensätze aufgehoben und alle Kräfte im Gleichgewicht gehalten.

Die Gestalt in der Mitte, Christus, steht für den Menschen schlechthin. Der Mensch ist jedoch nicht nur ein Teil der Schöpfung, er steht auch für die ganze Schöpfung und den Kosmos. Mensch und Welt stehen in der Vision der Hildegard von Bingen im Zentrum und werden vom Licht und Geist Gottes liebevoll umfangen und durchdrungen.[24]

Material

TANZANLEITUNG: »VOM DUNKEL ZUM LICHT«

Musik: Navidadau oder andere ruhige Musik

Vorbereitung

Für jeden Teilnehmer ein Teelicht in einem Glasschälchen

Schritte

Grundschritt, der sich immer wiederholt: rechts vor – links tipp – links vor – rechts tipp – rechts vor – links tipp – links vor – usw.

1. Der Raum ist dunkel. Nur in der Mitte brennt eine Kerze. Alle Teilnehmer gehen mit den oben genannten Schritten kreuz und quer durch den Raum mit einem noch nicht entzündeten Teelicht (in Glasschälchen) in der rechten Hand.
2. Gehen Sie nach einiger Zeit an die große Kerze in der Mitte und entzünden Sie dort die eigene kleine Kerze.
3. Gehen Sie zu einem der Teilnehmer, legen Ihre linke Hand zwischen die Schulterblätter Ihres »Wegbegleiters« und gehen Sie gemeinsam ein Stück.
4. Nach einiger Zeit zünden Sie die Kerze Ihres »Weggefährten« an und gehen so gemeinsam weiter. (Hier empfiehlt es sich, dass der Teilnehmer mit noch nicht entzündetem Teelicht sich von der Flamme des schon entzündeten Teelichts das Licht nimmt (flüssiges Wachs!).
5. Trennen Sie sich. Ihr »Wegbegleiter« und Sie gehen nun weiter, suchen einen neuen Partner.
6. Weiter wie in Punkt 3, bis alle eine brennende Kerze in der Hand halten. Dann stellen sich alle im Kreis mit ihrer brennenden Kerze auf.
7. Am Ende der Musik werden die Kerzen auf den Boden um die Mitte gestellt.

LICHT-MANDALA

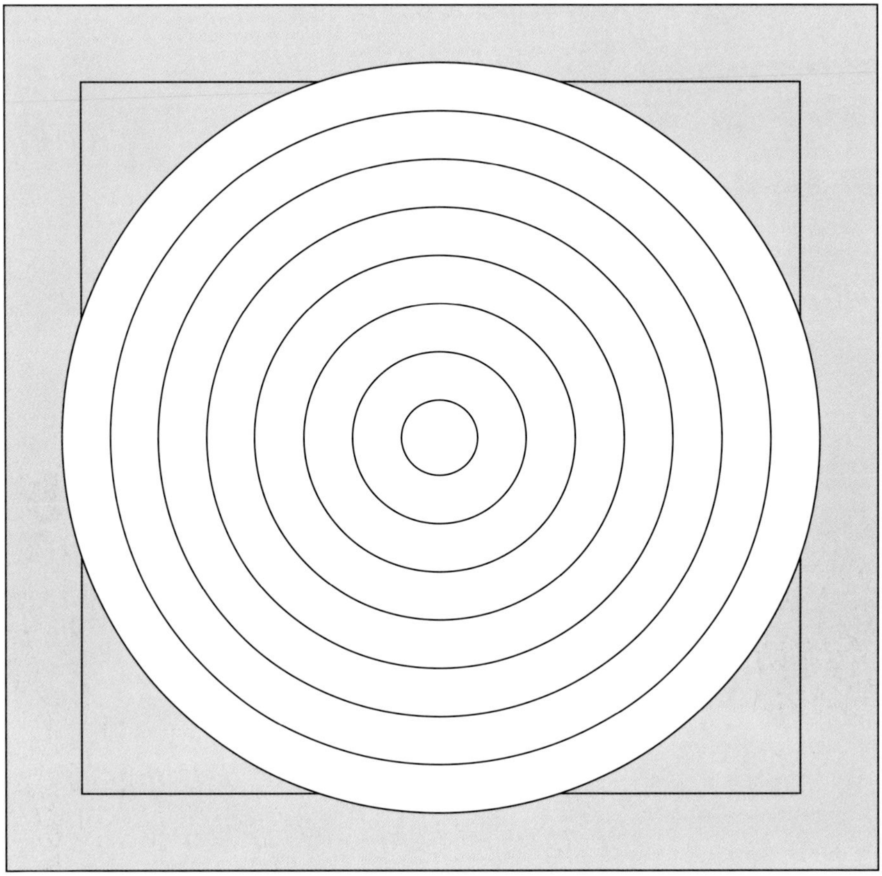

DEM STERN FOLGEN

Binde deinen Karren an einen Stern!
LEONARDO DA VINCI

Gedanken und Erfahrungen

Am Anfang des Weges vieler Menschen in der Bibel steht die Zusage, dass das Leben nicht ins Leere läuft, sondern dass es gelingen wird. Solche Verheißungen sind wie Sterne, die in der Nacht leuchten.

Auch am Beginn der Lebensgeschichte Jesu steht ein Stern. Im Matthäusevangelium haben die Sternsucher – die Bibel spricht von Magiern – einen Stern gesehen und machen sich mit all ihrer Sehnsucht auf. Nicht immer kennen sie den Weg. Da gibt es Stunden, in denen die Sehnsucht sie nicht weiterführt. So suchen sie Auskunft bei den Mächtigen und Gelehrten. Diese kennen den Weg. Doch sie brechen nicht auf, sie bleiben über ihren Schriften sitzen.

Die Sternsucher jedoch sperren ihre Sehnsucht und ihr Wissen nicht ein. Sie lassen sich bewegen, bis sie das letzte Ziel ihres Lebens finden. Dieses Ziel ist weder Palast noch Thron, es ist ein Stall. Nicht Reichtum oder Macht sind so Ziel ihrer Lebensreise, sondern die Armut und Ohnmacht eines Kindes.

»Es ist unsere Geschichte, die wir da lesen. Oder besser: es soll unsere Geschichte sein. ... Sind wir nicht alle Pilger, auf der Reise, Menschen, die keine bleibende Stätte haben, selbst wenn wir nie unsere Heimat verlassen mussten? Wie flieht die Zeit, wie schwinden die Tage, wie sind wir ewig im Wandel, wie ziehen wir immer weiter: irgendwo und irgendwann fingen wir an, und schon waren wir aufgebrochen zur Reise, die immer weiter geht und nie mehr zur selben Stelle zurückkehrt. Und der Weg zieht durch die Kindheit, durch Jugendkraft und Altersreife, durch wenig Feste und viel Alltag, durch Hohes und Erbärmliches, durch Reinheit und Schuld, durch Liebe und Enttäuschung, immer weiter, unaufhaltsam weiter vom Morgenland des Lebens zum Abendland des Todes.« [(25)]

Wenn wir am Ende so mancher Lebensreise auf unsere Armut und Ohnmacht gestoßen werden, so können wir seit Weihnachten hoffen, dass Gott uns auch hier begegnet. Denn nicht Ehre und Reichtum erwarten die Sternsucher am Ende des Weges. Vielmehr werden sie niederknien, sich klein machen und das geben, was sie haben: ihre ganze Sehnsucht (Weihrauch), die Bitterkeit ihres Lebens (Myrrhe) und all ihren Reichtum (Gold).

»Das ist das Paradox auch unseres Weges. Je weiter wir kommen auf dem Weg der Selbstwerdung, desto weniger ist uns wichtig, was wir davon haben und wie wir vor anderen dastehen. Wir haben uns vom Geheimnis des Lebens locken lassen. Und wenn wir das Geheimnis berühren, dann fallen wir nieder« (Anselm Grün) und sind dankbar, dem Leben etwas von uns zurückgeben zu dürfen.

Blicken wir in die Bibel, so steht hierin nichts von **drei** Magiern. Es steht dort schlicht: »... da kamen Magier aus dem Morgenland«. Doch die westliche Kunst- und Volksfrömmigkeit hat schon früh aus den Magiern drei Personen gemacht. Sie hat wohl geahnt, dass die »Sternsuche« den ganzen Menschen in Anspruch nimmt. Die Zahl Drei symbolisiert die drei Bereiche unserer Sinnsuche: die Suche nach Einheit mit Gott, mit der Welt und mit dem eigenen Ich.

Wollen wir dem Stern unseres Lebens folgen, so müssen wir auf die Stimme unseres Herzens hören, unserer Sehnsucht trauen und ihr »bis zum äußersten Rand« (Anselm Grün) folgen. Wenn unsere Sehnsucht jedoch nicht leere Illusion bleiben soll, muss sie geerdet sein. Dann wird der Stern von Bethlehem schon heute unsere Nacht erleuchten.

Impulse

> Welchem Stern folge ich?
> Wo bin ich ganz ich selbst? Wo höre ich auf die Stimme meines Herzens?
> Wo und wie gestalte ich die Welt?

Ins Gespräch kommen

MATERIAL

- Stifte, Sterndeuterkarte (siehe Seite 105)
- Meditative Musik, CD-Player
- Mt 2,1–2; Mt 2,9–11
- Materialien zum Legen eines Bodenbildes mit dem Thema: »Der Weg der Sternsucher« (Steine, Tücher, Sterne, Dornen, Glitzersteine, Stroh usw., aber auch Gegenstände des alltäglichen Bedarfs)
- Evtl. Bild von Sieger Köder »Wir haben seinen Stern gesehen« (siehe Seite 86)

- Text: »Wie die Weisen« (siehe Seite 107)
- Evtl. CD-Player; Musik: Bach, Weihnachtsoratorium »Brich an du schöner Morgenstern«; Tanzanleitung (siehe Seite 106)
- Evtl. Projektinformationen vom Projekt »Stern der Hoffnung« (siehe Seite 100)
- Evtl. Material zum Basteln von Strohsternen, Anleitung z. B. in dem Buch von Inge Walz, Neue Strohsterne, frechverlag GmbH, Stuttgart 2003

GRUPPENGRÖẞE 10–15 Personen

ZEIT ca. 2 Stunden

VERLAUF

Gestalten Sie die Mitte eines Stuhlkreises mit einem dunkelblauen Tuch und Sternen, die auf dieses Tuch gestreut sind. (Hier können Sie eine erste Einführung geben, siehe Seite 100 f.)

Zu Beginn kann das Bild von Sieger Köder »Wir haben seinen Stern gesehen« (siehe Seite 86) betrachtet werden. Als Betrachtungsimpulse sind folgende Anregungen denkbar:
> Was sehen Sie? (Bildbeschreibung)
> Was fällt Ihnen besonders auf? (Fokussieren)
> Was gefällt oder missfällt Ihnen? (Wertung)
> Wenn die Sternsucher sprechen könnten, was würden sie sagen? (Kreativität)
Lassen Sie den Teilnehmern nach jedem Impuls genügend Zeit, um ihre Gedanken zu äußern! Versuchen Sie auch evtl. entstehende Pausen auszuhalten!

Nun erhält jeder Teilnehmer eine »Sternsucherkarte«, außen beklebt mit Spiegelfolie, innen steht unter einem Klebestern die Frage: »Welchem Stern folge ich?« (siehe Seite 105). Vom Spiegelbild des Einzelnen ausgehend, stellen Sie die Frage nach dem »Stern«, dem die Teilnehmer in ihrem Leben folgen (Text zur Betrachtung der Sterndeuterkarte siehe Seite 106).
Die Teilnehmer erhalten nun Zeit, um in Ruhe über diese Frage nachzudenken. Meditative Musik kann die notwendige ruhige Atmosphäre erzeugen.
In einem weiteren Schritt konfrontieren Sie die Teilnehmer mit den »Sternsuchern des NT«. Sie lesen hierzu gemeinsam Mt 2,1–2 und Mt 2,9–11.

Hier wäre es möglich, den Weg der Sternsucher mit Tüchern und anderen Materialien als Bodenbild in Kleingruppen legen zu lassen. Nachdem die Gruppen ihr Bild vorgestellt haben, können Sie besonders auf den Zielpunkt des Weges der drei Sternsucher eingehen (siehe Seite 96). Falls die Gesprächssituation es erfordert, können Sie auch weitere Informationen zum Weihnachtsevangelium nach Matthäus und zu den »Magiern aus dem Osten« bzw. den »Heiligen Drei Königen« geben (siehe Seite 102 f.).
Sie können aber auch langsam den Meditationstext »Wie die Weisen« vorlesen und mit den Teilnehmern ins Gespräch kommen. (»Welcher Satz spricht mich besonders an?«)

Zum Abschluss sind mehrere Wege möglich:

> Zum einen können Sie bei sehr kreativen Gruppen nochmals die drei Sternsucher als Standbild gestalten lassen. Hierzu müssen sich einige Teilnehmer bereit erklären, als »Standbild« zu fungieren, d. h. sie sind das »Material«, mit welchem die übrigen Teilnehmer die innere Haltung der drei Sternsucher gestalten, indem sie Körperhaltung, Gestik und Mimik »modellieren«. Die »Sternsucher« bewegen sich nicht. Ihre Bewegung wird »eingefroren«. In einem Auswertungsgespräch gehen Sie auf die Empfindungen und Darstellungsabsichten der Teilnehmer ein.

> Alternativ könnte auch aus dem Weihnachtsoratorium von Johann Sebastian Bach der Choral »Brich an o schönes Morgenlicht« getanzt werden. (Da der Choral sehr kurz ist, empfiehlt es sich, ihn 3-mal hintereinander auf eine Kassette zu überspielen; Tanzanleitung siehe Seite 106.)

> Alternativ können Sie mit den Teilnehmern Strohsterne basteln. Im Symbol des Strohsterns sind hoch und niedrig, Himmel und Erde, Gott und Mensch vereint. So wird im Strohstern der Gedanke sinnfällig vor Augen geführt:

Wie die Weisen
nach den Sternen greifen
und den Menschen finden
(Kurt Wolff)

In diesem Sinne könnte als weitere Alternative das Projekt »Stern der Hoffnung« (Material unter www.sternderhoffnung.de) vorgestellt und über eine mögliche Beteiligung nachgedacht werden (evtl. eine kleine Aktion, z. B. Verkauf selbst gebastelter Strohsterne und Informationen über das Projekt).

Infos

SYMBOL DES STERNS

Im Orient zeigt sich der Sternenhimmel in ganz anderer Pracht als in Mitteleuropa. Oft waren die Menschen überwältigt von der Schönheit der unzähligen Sterne am Nachthimmel. In der heidnischen Antike wurden die Gestirne als vernunftbegabte Lebewesen und als Götter verehrt, die Botschaften für die Menschen bereithielten und sich um die Welt sorgten. Die Kunst, die Sterne zu deuten, die Astrologie, genoss hohes Ansehen. So hielt man in der Antike allgemein das Schicksal eines Menschen für abhängig von dem Stern, unter dem er geboren wurde. Die Bedeutung der Sterne, vor allem zur Zeit des Kaisers Augustus, wird allein daran deutlich, dass die Wochentage im römischen Kalender nach einzelnen Sternen benannt sind: Der Samstag ist der Tag des Saturns (engl. saturday), der Sonntag der Tag der Sonne, der Montag ist nach dem Mond benannt, der Dienstag ist der Tag des Mars (franz. Mardi), der Mittwoch der Tag des Mercur (franz. Mercredi), der Donnerstag der des Jupiter (lat. Dies Jovis, franz. Jeudi) und der Freitag wurde nach dem Planeten Venus benannt (lat. Veneris, franz. Vendredi).

Im Buch Deuteronomium wird Israel eindringlich vor dem übermächtig scheinenden Sternenkult gewarnt: »Wenn du die Augen zum Himmel erhebst und das ganze Himmelsheer siehst, die Sonne, den Mond und die Sterne, dann lass dich nicht verführen! Du sollst dich nicht vor ihnen niederwerfen und ihnen nicht dienen. Der Herr, dein Gott, hat sie allen anderen Völkern überall unter dem Himmel zugewiesen.« (Dtn 4,19) Die Gestirne sind nach jüdischem Verständnis nicht mehr als ein Teil der Schöpfung Gottes. »Ruft er sie, so antworten sie: Hier sind wir. Sie leuchten mit Freude für ihren Schöpfer.« (Bar 3,35) »Gott bestimmt die Zahl der Sterne und ruft sie alle mit Namen.« (Ps 147,4) Die Gestirne sind das Abbild jener göttlichen Idee, nach der alles in fester Ordnung angelegt ist. Als unsichtbares Zentrum aller geschaffenen Dinge bewegt sich alles um ihn herum. Trotzdem scheint der Sternenkult in Israel sehr verbreitet gewesen zu sein. Sogar der Kirchenschriftsteller Klemens von Alexandrien (ca. 150–215 n. Chr.) scheint fast vor der Übermacht der Praxis, die Sterne zu befragen, zu kapitulieren, wenn er ausführt, dass Gott den Sternenkult deswegen zugelassen hätte, da die Heiden »sich durch die Verehrung der Gestirne zu Gott emporarbeiten sollten«. (Klemens von Alexandrien: Strom VI, 110,3fr)

Eine besondere Bedeutung erhält die Weissagung des moabitischen Sehers Bileam, der das Kommen des Messias voraussagt: »Ich sehe ihn, aber nicht jetzt, ich erblicke ihn, aber nicht in der Nähe: Ein Stern geht in Jakob auf, ein Zepter erhebt sich in Israel«. (Num 24,17) Das Kommen des Messias wird von einem Stern angekündigt. Der Stern von Bethlehem wird auf diese Weissagung bezogen und deshalb in der christlichen Tradition auch »Jakobsstern« genannt.

Der Messias aber wird als König geboren. Sein Königtum wird dadurch verdeutlicht, dass er selbst sogar als Stern bezeichnet wird. Er selbst führt die Magier zur Krippe. Nach alter christlicher Tradition wird dieser Stern, der Christus selber ist, als achteckiger Stern dargestellt. Er gilt als frühchristliches Symbol für Christus. Die Zahl 8 weist auf den achten Tag, an dem die Schöpfung vollendet ist, und auf die Auferstehung Christi am achten Tag der Woche. In der christlichen Kunst entspricht der achtstrahlige Stern von Bethlehem dem Christusmonogramm (= Chi + Rho + Kreuz).[26]

DIE WEIHNACHTSERZÄHLUNG NACH MATTHÄUS

Das Matthäusevangelium ist etwa im Jahr 80 entstanden, also ungefähr 50 Jahre nach dem Tod Jesu. Verfasst wurde es in griechischer Sprache von einem Schüler der Apostel. Dieser stammte aus dem Judentum und war wahrscheinlich in Syrien zu Hause, wo Juden und Christen zusammenlebten. Möglicherweise war er Gemeindeleiter einer christlichen Gemeinde.

In Inhalt und Aufbau entspricht sein dreistufiges Evangelium (Vorbereitung des Auftretens Jesu, Wirken Jesu in Galiläa und Zug nach Jerusalem, Tod und Vollendung in Jerusalem) den Evangelien von Markus und Lukas. Diesem stellt Matthäus die Vorgeschichte Jesu voran. Dabei geht es ihm nicht um die äußeren Vorgänge der Geburt Jesu, sondern um die Hintergründe bzw. die »inneren Daten Jesu«.

Seine Theologie beginnt er mit dem Stammbaum Jesu, ausgehend von Abraham über David bis hin zu Josef. Matthäus stellt Jesus Christus als den vor, in dem sich die messianischen Verheißungen des Alten Testaments erfüllt haben. Dieses begründet er mit einer ganzen Reihe von Zitaten und Herleitungen aus dem Alten Testament. Gott offenbart sich Josef mehrfach in Träumen und führt Josef, Maria und das Kind so aus den Gefahren.

Die Kindheit Jesu nach Matthäus ähnelt der des Mose. An ihm, dem neuen Mose, wiederholt sich das Schicksal des ersten Mose. Damals richtete sich der Zorn des Pharaos gegen das ganze Volk der Israeliten. So wollte er alle männlichen Kinder bis zum Alter von zwei Jahren im Nil ertränken lassen. Doch Mose stand unter dem Schutz Gottes, entging dem Tötungsbefehl, wuchs am Hof des Pharaos auf und entkam schließlich in die Fremde, um das Volk aus Ägypten herauszuführen in die Freiheit und ins gelobte Land.

König Herodes ist der neue Pharao. Allerdings richtet er seinen Blick nicht auf das ganze Volk, sondern nur auf einen aus dem Volk: den Repräsentanten Gottes, den endgültigen Befreier und Retter, Jesus. Herodes versucht ihn umzubringen. Doch Jesus entkommt. Gott hält seine Hand über ihn. Jesu Schicksal ist dem des Mose ähnlich und doch ist Jesus ungleich größer als Mose. Matthäus schildert ihn als den verheißenen, neuen und größeren Mose: So wie Mose einst das Volk Israel aus der Knechtschaft des Pharaos befreite, so wird Jesus die Menschen aus der Knechtschaft des Todes befreien.[27]

»MAGIER AUS DEM OSTEN« – DIE STERNSUCHER

In den Evangelien wird nur bei Matthäus (2,1–16) von Sterndeutern berichtet. Ihre Anzahl und ihre Namen werden nicht genannt. Sie stammen aus dem »Osten« und ziehen wieder zurück in »ihr Land«.

Der bedeutende Theologe und Kirchenschriftsteller Origenes (*185 in Alexandrien) nimmt als erster auf Grund der Dreizahl der Geschenke drei Magier an. Ein anderer Theologe dieser Zeit, Tertullian aus Karthago (ca. 160–220), verbindet die Interpretation der Erzählung von den Magiern mit Verheißungsversen aus dem Jesaja-Buch: »Völker wandern zu deinem Licht und Könige zu deinem strahlenden Glanz« (Jes 60,3) und aus dem 72. Psalm: »Die Könige von Tarschisch und von den Inseln bringen Geschenke, die Könige von Saba und Seba kommen mit Gaben.« (Ps 72,10) Im 5. Jahrhundert sind aus den Magiern endgültig Könige geworden.

In einer armenischen Kindheitsgeschichte um 500 werden erstmals Namen genannt: Melkan von Persien, Caspar von Indien und Balthasar von Arabien. Auf einem Mosaik aus dem 6. Jahrhundert in Ravenna werden die drei Könige mit ihren heute gebräuchlichen Namen erwähnt: Der Erste und Älteste heißt Caspar (persisch: Schatzmeister), der Zweite und Mittlere Balthasar (= Lichtkönig) und der Dritte und Jüngste Melchior (= Gottesschutz). Im 8. Jahrhundert repräsentieren die drei Könige die drei Lebensalter, im späten Mittelalter die drei damals bekannten Kontinente: Asien, Europa und Afrika. Melchior erhält schließlich im 15. Jahrhundert als Vornehmster eine schwarze Hautfarbe.

In verschiedenen, alten und apokryphen Handschriften aus mehreren Jahrhunderten wird von der Taufe der drei Magier berichtet. Später sollen sie Priester und Bischöfe geworden und um das Jahr 53 gestorben sein. Ihre Reliquien sollen im 4. Jahrhundert durch Kaiserin Helena, Mutter Kaiser Konstantins, aufgefunden und nach Konstantinopel gebracht worden sein. Von dort gelangen sie im Lauf des 4. Jahrhunderts nach Mailand, wo sie in der Kirche des heiligen Eustorgio aufbewahrt werden.

1162 erobert Kaiser Barbarossa Mailand und überlässt die wertvollen Reliquien seinem Kanzler, dem Kölner Erzbischof Rainald von Dassel, der sie 1164 nach Köln überführen lässt. Für die kostbaren Reliquien wird ein aufwändig gearbeiteter Reliquienschrein angefertigt. Um diesen Schrein herum wird der Bau des Kölner Doms in Angriff genommen. 1904 gibt das Erzbistum Köln einen Teil der Reliquien wieder nach Mailand zurück.

Die Heiligen Drei Könige gelten im Mittelalter als Reichsheilige des Heiligen Römischen Reiches deutscher Nation. Im Anschluss an ihre Krönung im Aachener Dom ziehen die deutschen Kaiser nach Köln, um am Dreikönigsschrein zu beten und Fürbitte für ihre Regentschaft zu halten. Seit dem 13. Jahrhundert wird in Köln das Dreikönigsfest gefeiert. In einigen Bundesländern wie Baden-Württemberg, Bayern und Sachsen-Anhalt, in Österreich und in Teilen der Schweiz ist dieser Tag heute noch gesetzlicher Feiertag.

Seit Mitte des 16. Jahrhunderts wird der Brauch des Sternsingens gehalten. Ausgeübt wird er zunächst von erwerbslosen Handwerkern und Soldaten, später von Kindern, um Geschenke und Süßigkeiten zu erhalten. Nach dem II. Weltkrieg wird dieser Brauch wiederbelebt, um für Kinder ärmerer Länder Gaben zu erbitten und gleichzeitig die Häuser zu segnen.[28]

SIEGER KÖDER, WIR HABEN SEINEN STERN GESEHEN

Die drei Sternsucher in der Nacht. Ruhend, sind sie doch in Bewegung, voller Aufmerksamkeit ausgerichtet auf den Stern. Der Stern am Nachthimmel – selbst in Bewegung – fesselt den Blick, bringt Dynamik in das Bild.

Die drei Sternsucher in der Nacht. Sie sitzen nahe beieinander, so als ob sie damit sagen wollten, dass einer des anderen bedürfe auf dem Weg duch die Zeit, dass einer dem anderen zum Deuter werde: Der eine deutet die Sterne, der andere die Schrift, der dritte den Weg durch Höhen und Tiefen. Sie sitzen so nahe beieinander, als ob sie damit sagen wollten, dass sie nicht nur drei verschiedene Personen sind, dass sie vielmehr drei Aspekte des Sternsuchers sind, den wir alle in uns haben:

Der linke Sternsucher hat Gesicht und Hand ganz zum Stern hin ausgerichtet. Er erinnert an die Sehnsucht, die wir alle in uns haben. Mit allen Sinnen streckt er sich aus nach dem, was unser Denken übersteigt. Sein Name ist **»Sehnsucht«.**

Auch der rechte Sternsucher hat den Blick nach oben gewandt. Doch hält er eine Schriftrolle in den Händen. Er weiß um den Wert der Tradition, er weiß, dass er auf den Schultern vieler steht, dass sein Weg vor ihm begonnen hat und dass andere den Weg weitergehen werden, wenn er ans Ende seines Weges gelangt ist. Er erinnert uns daran, dass wir in unserer Sternsuche nicht allein sind, dass wir begleitet werden von all den Sternsuchern vor und nach uns. Er sagt uns, dass wir nicht alles alleine tun müssen. Sein Name ist **»Vertrauen«.**

Beide Sternsucher nehmen den »Bruder der Gegenwart« in ihre Mitte. In sich versunken studiert er die Karte, um den Weg im Diesseits und Jetzt zu suchen, den Weg durch die Landschaft des Lebens. Diese ist geprägt durch die Wüste – mühsam und weit wird der Weg werden. Doch mit der Sehnsucht und dem Vertrauen als Weggefährten wird auch der dritte Sternsucher das Ziel erreichen. Sein Name ist **»Handeln«.**

Am Ende ihres Weges werden die drei das Kind in der Krippe finden. Hier werden sie niederknien, sich klein machen und das geben, was sie haben: ihre Sehnsucht (Weihrauch), die Bitterkeit ihres Lebens (Myrrhe) und all ihren Reichtum (Gold).

Material

STERNSUCHERKARTE

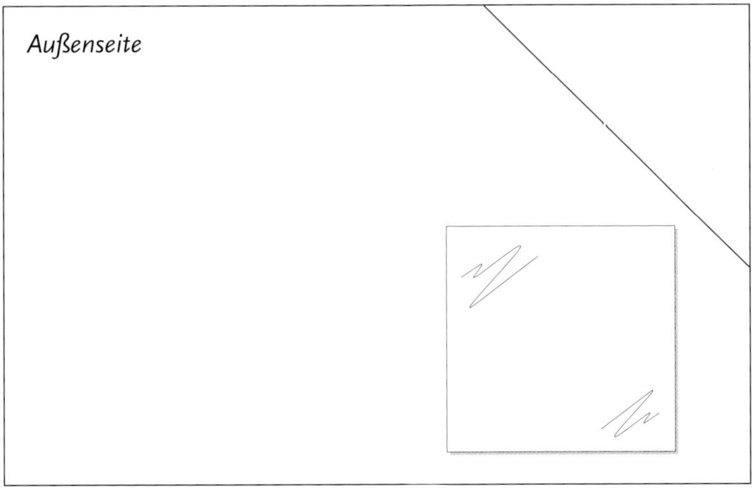

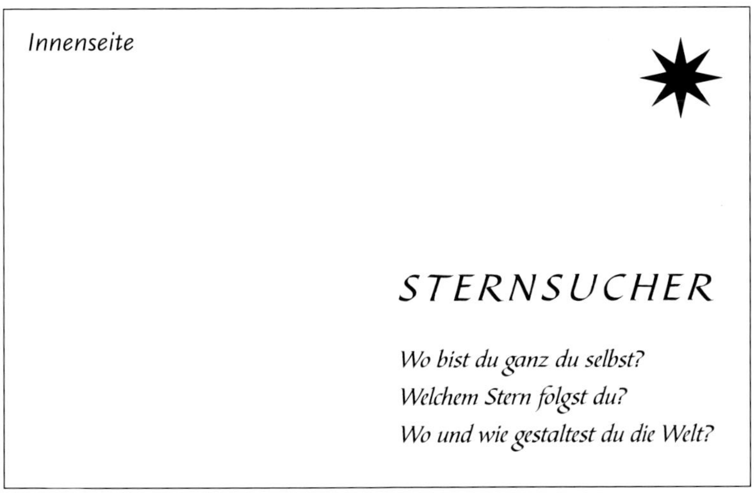

Kleben Sie auf die Außenseite einer Doppelkarte Spiegelfolie und schneiden Sie die rechte obere Ecke ab. Auf die Innenseite werden ein kleiner Stern geklebt und die Impulsfragen geschrieben.

STERNSUCHER (BETRACHTUNG)

Wenn Sie in den Spiegel auf Ihrer Karte schauen, sehen Sie Ihr Gesicht in fremder Perspektive.

Schauen Sie sich an
> mit den Augen eines Freundes. – Pause –
> mit den Augen eines Kritikers. – Pause –
> mit Ihren eigenen Augen. – Pause –
> mit den Augen der Liebe, mit den Augen Gottes. – Pause –

Wenn Sie sich mit den Augen Gottes betrachtet haben, schauen Sie auch das an, was Sie sich im Leben am meisten wünschen, wohin Ihre Sehnsucht geht.
Der Stern am oberen Bildrand ist Sinnbild für diese Ihre Sehnsucht.
Der Stern weitet die Perspektive, er führt den Blick weg von mir.
Er fragt mich nach dem Ziel meines Weges.
Dem Stern folgend, werde ich zum Sternsucher. – Musik –

TANZBESCHREIBUNG: »BRICH AN, O SCHÖNES MORGENLICHT«

Musik: Johann Sebastian Bach, Weihnachtsoratorium, 2. Kantate, Nr. 12

Beginn auf: »Brich **an,** du schöner ...« (da »Brich« ein Auftakt ist).

1. Mit vier Schritten in die Kreismitte (rechts beginnt). Dabei die Hände überkreuzen und langsam nach oben heben.
2. Mit vier Schritten rückwärts aus der Kreismitte heraus (rechts beginnt). Dabei auf den ersten Schritt die Hände öffnen (Finger spreizen wie die »Strahlen eines Sternes«) und dann in die Orante-Haltung gehen.
3. Nun auf der Kreisbahn gegen den Uhrzeigersinn einen Mayim-Schritt gehen (d.h. rechter Fuß geht seit – linker Fuß kreuzt vor dem rechten – rechter Fuß geht seit – linker Fuß kreuzt hinter dem rechten Fuß). Dabei Orante-Haltung beibehalten.
4. Nun in vier Schritten einen Kreis um die rechte Schulter beschreiben und dabei die Hände in die Ausgangsposition bringen (d.h. Hände vor dem Körper gekreuzt). 1.–4. wiederholen.

WIE DIE WEISEN

Wie die Weisen
Prüfen und abwägen
Beobachten und berechnen

Wie die Weisen
Neugierig sein
Und auf der Spur bleiben
Auswählen und verwerfen

Wie die Weisen
Hören und entscheiden
Aufbrechen und unterwegs sein

Wie die Weisen
Sich nicht irre machen lassen
Umkehren und den Weg ändern

Wie die Weisen
nach den Sternen greifen
und den Menschen finden

(Kurt Wolff)

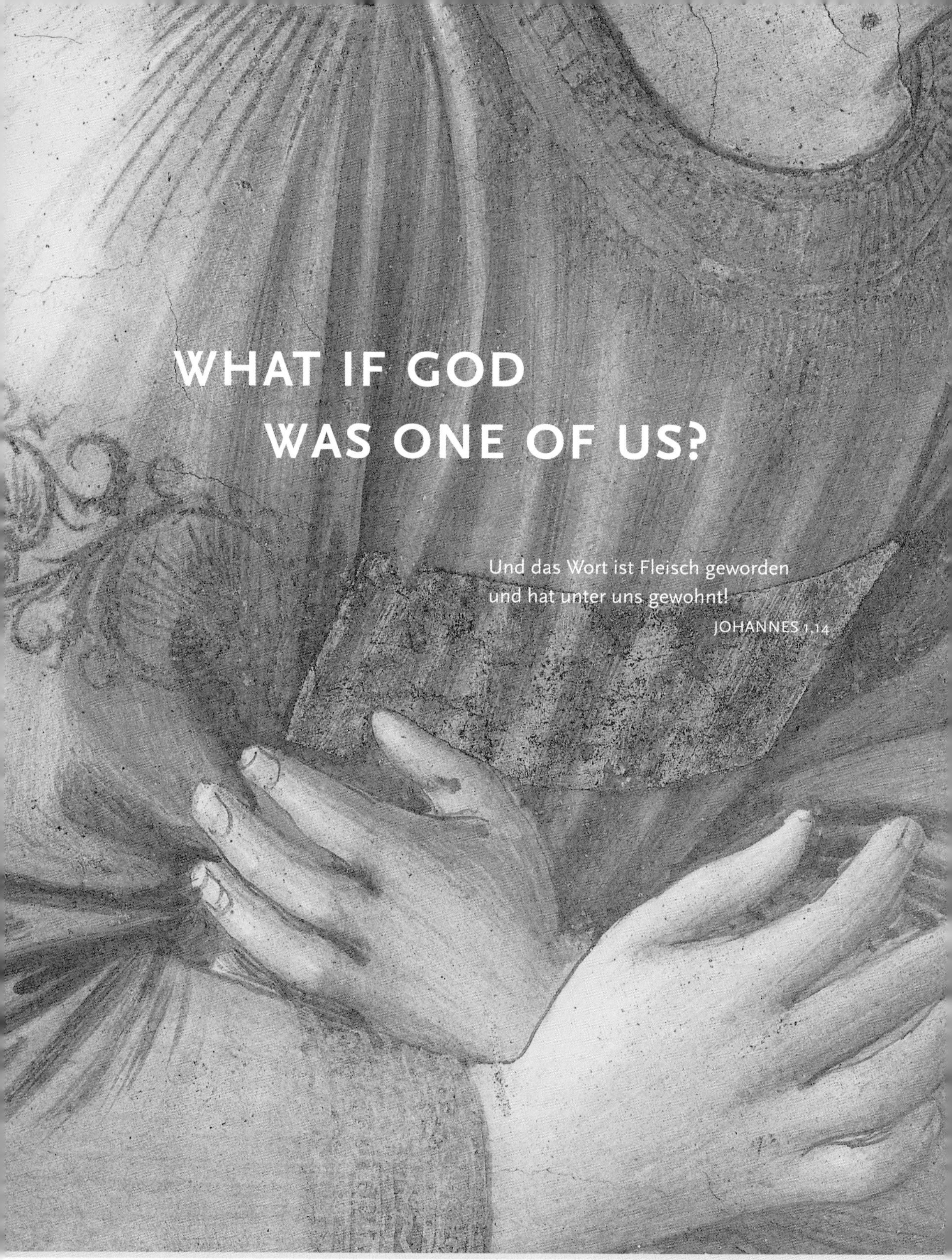

WHAT IF GOD WAS ONE OF US?

Und das Wort ist Fleisch geworden
und hat unter uns gewohnt!
JOHANNES 1,14

Gedanken und Erfahrungen

Ein Weihnachtslied ganz anderer Art singt Joan Osborne, amerikanische Popsängerin, mit ihrem Song »One of us«. In den Lied heißt es: »Wenn Gott einen Namen hätte, wie hieße er? Wenn du Gott gegenüberstündest, was würdest du ihn fragen? Wenn Gott ein Gesicht hätte, wie würde es aussehen? Was, wenn Gott einer von uns wäre?«

All diese Fragen sind von der Sehnsucht geprägt, Gott möge doch erfahrbar sein – mitten in unserem Leben: Jemandem einen Namen geben, Fragen an ihn richten, in das Gesicht des Gegenübers blicken wollen – all dies ist der Ausdruck des Wunsches nach Beziehung.

Das Weihnachtsgeschehen antwortet auf diese unsere Sehnsucht im Kind in der Krippe. **Weihnachten, das heißt, dass Gott dem Menschen in dem Kind Jesus begegnet.** Die Weihnachtsevangelien erzählen davon, dass Gott kein ferner Gott ist, der als unbeteiligter Zuschauer die Komödien und Tragödien menschlichen Lebens an sich vorüberziehen lässt. An Weihnachten feiern wir unseren Glauben, dass sich Gott selbst in das Drama des menschlichen Lebens hineingegeben hat. Gott macht im Weihnachtsgeschehen ernst mit der Verheißung, die er einst dem Mose am brennenden Dornbusch gab. Damals zeigte er sich als der »Ich bin für euch da«.

Im Kind in der Krippe konkretisiert sich diese Verheißung auf radikale Weise: JAHWE, das heißt nun: »Ich bin da, ich bin bei dir. Ich bin deine Zeit. Ich bin die Düsterheit deines Alltags ... Ich weine deine Tränen ... Ich bin deine Freude ... Ich bin die Ausweglosigkeit deiner Wege ... Ich bin in deiner Angst ... Ich bin in deiner Endlichkeit ... Wenn die Rechnung deiner Gedanken und deiner Lebenserfahrungen nicht aufgeht, bin ich der ungelöste Rest ... Ich bin in deiner Not, denn ich habe sie erlitten ... Ich bin in deinen tiefsten Abstürzen ... Ich bin in deinem Tod, denn heute begann ich mit dir zu sterben, da ich geboren wurde ...« (29)

Der Gott Jesu ist nicht nur dort zu finden, wo Religions- und Kulturgeschichte Gott ansiedelt: im Glanz, im Idealen, im Schönen und Edlen. Dies auch – doch kennt der Gott Jesu auch die Armseligkeit und Brüchigkeit unseres Lebens.

Der Evangelist Johannes formuliert diesen Glauben in einer Sprache, die uns heute vielleicht fremd erscheinen mag. Seine Weihnachtsbotschaft zu

Beginn seines Evangeliums lautet: »Und das Wort ist Fleisch geworden und hat unter uns gewohnt!« (Joh 1,14) In seinem Christushymnus besingt Johannes, dass Gott »im Fleisch«, das heißt in der Hinfälligkeit, Vergänglichkeit, Hilflosigkeit menschlicher Existenz wohnt.

So ist Weihnachten jenseits aller Krippenromantik, jenseits aller bürgerlichen Behaglichkeit angesiedelt. Wenn wir Weihnachten feiern, tun wir dies im Bewusstsein, dass Gott auch in den Brüchen unseres Lebens, in Konflikten, in Einsamkeit, Missverständnissen und Unzulänglichkeiten anwesend ist.

Welch eine Entlastung für all diejenigen, die meinen, gerade an Weihnachten »das Paradies in der Familie« schaffen zu müssen, ganz abgesehen davon, dass wir Menschen dies nicht vermögen – auch nicht mit Hilfe noch so schöner Deko, noch so reicher Geschenke, noch so üppiger Speisen.

Seit Weihnachten, seit dem Kind in der Krippe, dürfen wir darauf vertrauen, dass Gott auch in der Brüchigkeit unserer Familie bei uns ist, dass Gott uns in jedem Menschen entgegenblickt– auch in den Eltern, die ihren Kindern etwas schuldig geblieben sind, auch in der Schwester, die verletzt hat. Auch sie haben ihre Geschichte, die von Gott gewollt und bewohnt ist.

So bedeutet Weihnachten immer auch ein Miteinander in Respekt. Dass dies auch politische Konsequenzen hat, haben gerade die Armen der Welt begriffen. Der Gott der Christen ist ein »armer Gott«. Und in dieser seiner Armut ist er der Freund der Penner in Frankfurt, der Bauern in Südamerika, der Geschundenen in Mittelamerika, der Armen in Afrika. Auch in ihnen begegnen wir dem Kind in der Krippe, können wir das Gesicht Gottes erkennen.

Impulse

> Wenn Gott einen Namen hätte, wie hieße er?
> Wenn ich Gott gegenüberstünde, was würde ich ihn fragen?
> Wenn Gott ein Gesicht hätte, wie würde es aussehen?

Ins Gespräch kommen

MATERIAL

> Für die Mitte: Steine, evtl. Efeu, eine große, weiße Kerze, Streichhölzer
> Lied von Joan Osborne »One of us« (1996), CD-Player
> Fotokopie des Liedtextes »One of us« sowie Joh 1,1–5.9–14
> Plakatkartonstreifen mit der Aufschrift: »Wenn Gott einen Namen hätte, wie hieße er?«
> Din A6-Zettel, Stifte
> Plakatkartonstreifen
> Evtl. Din A3-Blätter sowie Aquarellbuntstifte, schöne Wachsmalstifte usw.
> Landkarte meines Lebens (siehe Seite 122)
> Rote Klebepunkte und Klebesterne
> Evtl. Liedtext und/oder CD-Aufnahme von »Nun freut euch, ihr Christen« (GL 143)

GRUPPENGRÖßE ca. 10–15 Personen

ZEIT je nach methodischem Weg 1,5 bis 2 Stunden

VERLAUF

Hören Sie zunächst gemeinsam das Lied »One of us«.
Legen Sie dann die erste Frage des Liedes, gut sichtbar auf einen Plakatkartonstreifen geschrieben, in die Mitte des Sitzkreises:
> Wenn Gott einen Namen hätte, wie hieße er?
Verteilen Sie kleine Kärtchen und bitten Sie die Teilnehmer, diese Frage für sich zu beantworten und den für sie wichtigsten Namen Gottes auf das Kärtchen zu schreiben. Sammeln Sie die Kärtchen ein.
Während Sie leise nochmals das Lied »One of us« im Hintergrund abspielen, lesen Sie nun die Namen Gottes, die die Teilnehmer auf die Kärtchen geschrieben haben, wie eine Litanei vor, etwa:

»Gott,
Du Sinn,
Du großes Fragezeichen,
Du Liebe …«

In einem zweiten Schritt bitten Sie nun die Teilnehmer, ihre **Fragen an Gott** auf einen Streifen Plakatkarton zu schreiben.
Nach einer angemessenen Phase der Stillarbeit können die Teilnehmer ihre Fragen vorlesen und in die Mitte legen. (Hierbei ist auf Freiwilligkeit zu achten! Wenn Teilnehmer ihre Frage nicht vorlesen wollen, können sie diese auch einfach nur in die Mitte legen!)

In einem dritten Schritt entzünden Sie die Kerze in der Mitte und erläutern: Weihnachten heißt, dass uns in all unseren Fragen und Problemen Gott begegnet. Das Kind in der Krippe sagt, dass Gott kein unbeteiligter Zuschauer ist, dass er sich vielmehr in das Drama des menschlichen Lebens hineinbegibt. Er ist »One of us«.

Hier könnte bei anspruchsvollen Gruppen der Christushymnus des Johannesevangeliums (Joh 1,1–5; 9–14) mit dem modernen Hymnus von Joan Osborne in Beziehung gesetzt werden:
> Sehen Sie Gemeinsamkeiten?
> Sehen Sie Unterschiede?

In einem letzten Schritt verteilen Sie an die Teilnehmer die »Landkarte meines Lebens« sowie jeweils fünf rote Klebepunkte und fünf Klebesternchen. Bitten Sie nun die Teilnehmer, sich zurückzuziehen und jeder für sich zu überlegen:
> In welchen Bereichen der »Landkarte meines Lebens« habe ich in der letzten Zeit gewohnt? (Diese Bereiche sind dann mit roten Klebepunkten zu markieren.)
> In welchen Bereichen der »Landkarte meines Lebens« habe ich etwas vom Geheimnis Gottes erahnt? (Diese Bereiche sind dann mit den kleinen Klebesternchen zu markieren.)

Im Anschluss an die Einzelarbeitsphase können sich die Teilnehmer in Kleingruppen von zwei bis drei Personen über ihre »Landkarte« austauschen.
Am Ende trifft sich die Gesamtgruppe zu einer kurzen Reflexionsrunde:
> Was ist mir leicht, was ist mir beim Bearbeiten der »Landkarte meines Lebens« schwer gefallen?

Alternative

Falls Sie einen Vergleich von »One of us« mit Joh 1 angestellt haben, können Sie anstelle der Beschäftigung mit der »Landkarte meines Lebens« die Teilnehmer bitten, Joh 1,14 »Und das Wort ist Fleisch geworden und hat unter uns gewohnt« in einem Bild zu malen. Hier können die Teilnehmer einzeln, aber auch als Gruppe von zwei bis drei Personen arbeiten. Schweigend malt dann eine Gruppe an einem Bild.

Zum Abschluss kann nochmals gemeinsam das Lied »One of us« gehört werden. Alternativ kann das Weihnachtslied »Nun freut euch, ihr Christen« gesungen oder gehört und der Inhalt bedacht werden (GL 143).

Infos

JOAN OSBORNES »ONE OF US« UND DER CHRISTUSHYMNUS DES JOHANNESPROLOGS

Die amerikanische Pop-Sängerin Joan Osborne singt in ihrem Song »One of us« einen Hymnus moderner Art: **Wenn Gott einen Namen hätte, wie hieße er?**

In der Bibel gibt es viele Stellen, in denen Gott den Menschen begegnet, in denen er sich den Menschen zeigt: als Schöpfer, als einer, der mit dem Menschen unterwegs ist, als Liebender, manchmal aber auch fremd, unheimlich und rätselhaft. In seinem Namen JAHWE offenbart er sich dem Mose als einer, der sich dem menschlichen Fassungsvermögen entzieht – JAHWE, das heißt »Ich bin, der ich bin«. Er zeigt sich aber auch als ein Gott, der für die Menschen da ist, auch in Leid und Elend. Denn eine weitere Übersetzungsmöglichkeit des Jahwenamens ist »Ich bin für euch da«.

Im Johannesprolog wird Gott als der besungen, der Leben gibt: »Alles ist durch das Wort geworden, und ohne das Wort wurde nichts, was geworden ist. In ihm war das Leben«. (Joh.1,3–4a) Ferner wird Gott als das Licht gesehen, das die finsteren Abgründe der menschlichen Existenz erhellt: »... und das Leben war Licht. Und das Licht leuchtet in der Finsternis, und die Finsternis hat es nicht erfasst.« (Joh 1,4b–5)

In der zweiten Strophe fragt Joan Osborne: **Wenn Gott ein Gesicht hätte, wie würde es aussehen?** Auf diese Frage antwortet Lukas in seinem Weihnachts-evangelium in der Erzählung vom Kind in der Krippe. Narrativ bringt er so dem Leser nahe, dass Gott dem Menschen nicht in Gottgestalt begegnet, sondern in dem armen Kind in der Krippe.

Der Evangelist Johannes wiederum erzählt nicht, er besingt in seinem Hymnus das Geheimnis, dass Gott für uns Menschen ein Gesicht bekommt, das Gesicht Jesu: »Und das Wort ist Fleisch geworden und hat unter uns gewohnt.« (Joh 1,14) Dies bedeutet, dass Gott in der Ohnmacht des Kindes in der Krippe ebenso erfahrbar ist wie im Gekreuzigten.

Dies ist die christliche Antwort auf die Frage: **Was, wenn Gott einer von uns wäre,** ein Verrückter, ein Fremder, einer von uns, der seinen Weg nach Hause sucht, zurück in den Himmel ganz allein?

In der letzten Strophe thematisiert Joan Osborne die Möglichkeit, dass Gott und Mensch sich fremd bleiben: **»Was, wenn Gott einer von uns wäre, ...der seinen Weg nach Hause sucht wie ein heiliger ‚Rollender Stein'. Zurück in den Himmel ganz allein.«** Das Bild vom »Rollenden Stein«, der – gegen alle Gesetz-mäßigkeit – den Weg bergauf in den Himmel sucht, zeigt einen Gott, der sich den Menschen absolut genähert hat und der sich nun, enttäuscht und einsam, von seinen Geschöpfen abkehrt. Ein einsamer, ein heimatloser Gott, ein Vagabund (»Rolling Stone« bedeutet auch Vagabund).

Auch in dieser letzten Strophe sind die Parallelen zum Johannesprolog sichtbar: »Er war in der Welt, und die Welt ist durch ihn geworden, aber die Welt erkannte ihn nicht. Er kam in sein Eigentum, aber die Seinen nahmen ihn nicht auf.« (Joh 1,10 f.)

Der Hymnus von Joan Osborne endet mit dem alten christlichen Ruf zur Umkehr: **»Just turn and make his way home.«** (Dreh dich um und geh seinen Weg nach Hause!) Kehre um zu Gott, der sich nach dir sehnt, so wie du dich nach ihm sehnst.

GOTTESNAMEN IM AT UND NT

Indem wir Gott mit einem Namen ansprechen, vollzieht sich unser Glaube an ihn. Dabei übersteigt Gott in seiner Einzigkeit und Absolutheit die Möglichkeiten der menschlichen Sprache, entzieht sich unserer Verfügbarkeit und bleibt ein unsagbares und nicht auszulotendes Geheimnis, wie Augustinus (354–430) schreibt: »Alles kann von Gott gesagt werden, und nichts wird angemessen von Gott gesagt. Nichts ist reicher als diese Armut. Du suchst einen passenden Namen, du findest keinen; du suchst ihn irgendwie zu nennen, du findest alles.« [30]

In der **Glaubensgeschichte Israels** werden immer wieder neue Namen für Gott entdeckt, die Ausdruck für die Glaubens- und Gotteserfahrungen der Menschen sind. So wird er »der höchste Gott, der Schöpfer des Himmels und der Erde« (Gen 14,19) genannt, an anderer Stelle »der allmächtige Gott« (Gen 17,1), »Gott der Ewige« (Gen 21,33), »Gott der Herrlichkeit« (Ps 29,3) oder »Gott der Heilige« (Hos 11,9). Erfahrungen mit ihm werden in Bildern beschrieben, immer aber im Bewusstsein, dass es keinen Namen gibt, der Gottes Wesen ganz trifft: In kriegerischer Vorzeit wird er als »Herr der Heerscharen«, dann als Hirte, König, Herr, Retter, Herr der Ernte, Winzer verehrt. Eigenschaften wie barmherzig, gnädig, langmütig, reich an Huld und Treue (Ex 34,6), eifersüchtig (Ex 20,5), gerecht und gerade (Dtn 32,4), groß und furchtgebietend (Tob 13,9) werden ihm zugewiesen. Er hat die Zärtlichkeit eines Vaters (Hos 11,1), die Liebe einer Mutter (Jes 49,15) und die Leidenschaft eines liebenden Mannes (Hos 2,16f.).

Allerdings ist im Alten Testament auch 375-mal vom Zorn Gottes die Rede. Ist »vom Zorn Gottes die Rede, dann meist in einem politischen Zusammenhang. Gott ist zornig über die Ungerechtigkeit der Menschen. Er ergreift Partei für die unschuldigen Opfer. Gott ist aber auch zornig, wenn sein Anspruch auf Exklusivität in Frage gestellt wird.«[31] Selbst die Unschuldigen trifft manchmal sein Zorn: »Sein Zorn zerreißt, befehdet mich, knirscht gegen mich mit den Zähnen«, wie Ijob klagt (Ijob 16,9). Fundament dieses Zornes ist jedoch immer die unendliche Liebe zu seinem Volk: »Denn sein Zorn dauert nur einen Augenblick, doch seine Güte ein Leben lang.« (Ps 30,6)

Der zentrale Gottesname im AT wird der Name **Jahwe,** der Mose am brennenden Dornbusch offenbart wird (Ex 3,3–16).

In diesem geheimnisvollen Namen, der verschieden akzentuiert übersetzt wird, zeigt Gott das, was er ist und was er tut:

»Ich bin der ›Ich bin da‹.«

»Ich bin, der ich bin.«

»Ich erweise mich als der, als der ich mich erweisen werde.«

»Ich bin für dich da.«

Hier schwingen seine Freiheit und Unverfügbarkeit, aber auch seine Bindung an die mit, die ihn anrufen, schließlich seine Dynamik, die in Geschichte und Gegenwart der Menschen wirksam werden will. Niemand kann ihn zwingen, niemand ihn durchdringen. Das Geheimnis des Lebens scheint in ihm geheimnisvoll verborgen. In der jüdischen Tradition weiß man früh vom Missbrauch des Namens Gottes z. B. in der Magie. Von daher ist das Verbot zu verstehen, den Gottesnamen Jahwe auszusprechen.

Auch das Neue Testament kennt einen richtenden Gott, der »kommen wird zu richten die Lebenden und die Toten«, wie es im alten Glaubensbekenntnis der Kirche heißt.

Daneben steht die Gottesbeziehung Jesu. Jesus spricht Gott im Gebet mit »Abba« an. Das Wort »Abba« entstammt dem Alltagsleben einer Familie der damaligen Zeit in Palästina und wird mit »Papa« oder »mein Vater« übersetzt. Im Neuen Testament kommt das Wort »Abba« dreimal vor (Mk 14,36a; Röm 8,15; Gal 4,6) und ist Hinweis des kindlichen Vertrauens Jesu zu Gott. Er erfährt Gott als zärtlich und ihm unmittelbar zugetan, spricht ungezwungen von »meinem«, »deinem« oder »eurem« Vater im Himmel, von der Nähe Gottes zu uns Menschen, um seine Güte und Vergebungsbereitschaft vor Augen zu führen: »Wenn nun schon ihr, die ihr böse seid, euren Kindern gebt, was gut ist, wie viel mehr wird euer Vater im Himmel denen Gutes geben, die ihn bitten.« (Mt 7,11) Weil Gott uns so nahe ist, können wir ihm vertrauen und unsere Sorgen für Leib und Leben vertrauensvoll auf ihn werfen (vgl. Mt 6,25–34). Gott ist so reich an Erbarmen, dass er gerade die Sünder und Verlorenen, das in uns Sündige und Verlorene in seine Nähe ruft.[32]

JOHANNES 1,14: UND DAS WORT IST FLEISCH GEWORDEN

»Über die Menschwerdung Gottes sprechen heißt voraussetzen, dass es Gott gibt. Das aber ist eine Voraussetzung, die – zumindest bei einem Teil von Ihnen – nicht einfachhin gegeben ist. Trotzdem muss ich an dieser Stelle diese Voraussetzung machen. (...)

Ich setze schließlich den christlichen Begriff der Menschwerdung voraus. In der antiken Mythologie – Sie brauchen nur an Homer zu denken – ist es ja nicht gerade selten, dass ein Gott vom Himmel herabsteigt, menschliche Gestalt annimmt und dann als göttliches Wesen in Menschengestalt auf der Erde herumläuft, den Menschen allerhand sagt, allerhand wunderbare Sachen macht und dann wieder in den Himmel zurückkehrt. Ich befürchte zwar, dass sich viele Christen die Menschwerdung Gottes genau so und nicht anders vorstellen. In Wirklichkeit aber ist etwas derartiges mit dem christlichen Bekenntnis von der Menschwerdung *gerade nicht* gemeint. Nach unserem Glauben hat sich Gott nicht ein menschliches Kostüm übergestülpt, sondern er ist wirklich Mensch geworden. Das heißt: Da war ein Jude mit Namen Jeschua, aufgewachsen in einem unbekannten Dorf; ein Jude, aus dessen Kindheit wir nahezu nichts wissen, der dann später als Lehrer und Prophet aufgetreten ist, Jünger um sich sammelte, für kurze Zeit Aufsehen erregte und schließlich hingerichtet wurde. Also ein Mensch – und zwar ein wirklicher Mensch – in einer ganz bestimmten Zeit, in einer ganz bestimmten geschichtlichen Konstellation, innerhalb eines ganz bestimmten religiösen Horizonts. Von diesem konkreten, geschichtlichen Menschen Jesus glauben wir, dass in ihm Gott, der auf vielerlei Weise zu uns spricht, in einer letzten und unüberbietbaren Weise gesprochen hat. Ferner: Dass in ihm Gott Gegenwart geworden ist, und zwar so, dass wir ihn selbst Gott nennen müssen und dass wir sagen müssen: In ihm ist das Wort Gottes Fleisch geworden.« [33]

ADESTE FIDELIS

(»Nun freut euch, ihr Christen«, Gotteslob Nr. 143; »Herbei, o ihr Gläubigen«, Evangelisches Gesangbuch Nr. 45)

»Adeste fidelis« ist weltweit eines der bekanntesten Weihnachtslieder. Vorläufer der uns bekannten Fassungen gibt es sowohl in England (ältester handschriftlicher Beleg aus dem Jahre 1750) als auch in Frankreich (ab 1822 belegt).

Die noch heute **im evangelischen Raum** gesungene deutsche Fassung »Herbei, o ihr Gläubigen!« wird auf Friedrich Ranke zurückgeführt (1823). Ihr liegt die englische Tradition zugrunde, die wichtige theologische Aussagen ohne inneren Zusammenhang nebeneinander stellt.

Im katholischen Raum setzte sich die französische Fassung in der Übersetzung von Josef Mohr (1873) durch. Im Gegensatz zur englischen Fassung entfaltet die französische Fassung, auf die sich Josef Mohr stützt, ein Ganzes: Nach der Aufforderung an die Gläubigen, nach Bethlehem zu kommen, um den »König der Engel« anzubeten, berichtet die zweite Strophe von den Hirten, deren Beispiel die Gläubigen folgen sollen. Sie finden in der Krippe ein Kind und erkennen in ihm Gott. Hier wird das Paradox der Menschwerdung Gottes formuliert: »Der Abglanz des Vaters, Herr der Herren alle, ist heute erschienen in unserm Fleisch.« (3. Strophe vgl. Joh 1,14.) Die vierte Strophe besingt den Jubel von Himmel und Erde angesichts dieses Geheimnisses.(34)

Material

ONE OF US

If God had a name,
what would it be?
And would you call it to his face,
if you were faced with him
in all his glory?
What would you ask
if you had just one question?

Refrain: And yeay, yeay, God is great!
Yeay, yeay, God ist good!
Yeay, yeay, yeay, yeay!

What if God was one of us?
Just a slob, like one of us?

Just a stranger – one of us,
trying to make his way home.
If God had a face,
what would it look like?
And would you want to see,
if seeing meant
that you would have to believe
in things like heaven
and in Jesus and the saints
and all the prophets?

Refrain

What if God was one of us?
Just a slob, like one of us?
Just a stranger – one of us,
trying to make his way home,
trying to make his way home
back up to heaven all alone.
Nobody call him on the phone,
except the Pope maybe in Rome.

Refrain

What if God was one of us?
Just a slob, like one of us?
Just a stranger – one of us,
trying to make his way home,
trying to make his way home
like a holy rolling stone
back up to heaven all alone.
Just turn
and make his way home.
Nobody call him on the phone,
except the Pope maybe in Rome.

Gedanken und Erfahrungen

Besuchern eines fremden Kulturkreises mag das Verhalten des normalen Mitteleuropäers kurz vor dem 24. Dezember fremd erscheinen. Männer und Frauen, die sonst viel Wert auf Sachlichkeit und Nüchternheit legen, stellen einen Baum in ihr Wohnzimmer, schmücken diesen mit Goldkugeln oder anderen Dingen und singen gemeinsam um diesen Baum Lieder.

Vielleicht mag dies alles für einen Außenstehenden unvernünftig erscheinen. Doch zeigt gerade dieses Verhalten, dass in uns – jenseits aller Rationalität – die Sehnsucht nach einer Wirklichkeit wohnt, in der nicht das Machbare, sondern das Unmögliche, nicht der Nutzen, sondern das Zweckfreie, nicht die Konkurrenz, sondern das Miteinander beheimatet sind.

Wenn wir uns Jahr um Jahr einen Baum ins Wohnzimmer stellen, so ist darin eine tiefe menschliche Sehnsucht zu erkennen. Der Weihnachtsbaum führt uns vor Augen, wie der Mensch eigentlich gemeint ist. Der Baum verbindet Himmel und Erde: Tief in der Erde verwurzelt, zieht er aus ihr Nahrung und Kraft, zugleich streckt er sich mit Ästen und Zweigen in den Himmel. So ist er ein Bild des Menschen, der doch Kind des Himmels und der Erde ist. Im Märchen von »Den drei Bäumen« (siehe Seite 133) lebt der »dritte Sohn« diese beiden Dimensionen. Er richtet seinen Blick »auf die Erde«, aber er schaut immer auch »nach oben in die Zweige« des Baumes und erbittet sich »vom Himmel Kraft und Segen für sein Werk«. Beides muss in unser Leben integriert werden, soll unser Menschsein glücken: Fehlt der Blick »auf die Erde«, laufen wir Gefahr, religiöse Phantasten zu werden, fehlt der Blick in den »Himmel«, können wir in unserem Tun leicht den Sinn verlieren.

Beide Dimensionen sind wichtig, sollen die »Früchte des Lebens« reifen. Im Märchen heißt es: »Da wusste der jüngste Sohn, dass Früchte nur wachsen können, wenn die Kraft der Erde und der Segen des Himmels sich vereinen.«

Im Baum vereinen sich die Gegensätze von Himmel und Erde. So verwundert es nicht, dass gerade der Baum zu einem Weihnachtssymbol wurde, feiern wir doch an Weihnachten, dass Gott die Grenze zwischen Himmel und Erde aufhob. Der Weihnachtsbaum symbolisiert die Erfahrbarkeit Gottes in unserer Welt und erinnert so an das Paradies, in welchem die Einheit zwischen Gott, dem Menschen und der Welt herrscht.

Der Weihnachtsbaum wird zum Abbild des Paradiesbaumes, der uns in Äpfeln, Nüssen und Goldkugeln die »Früchte des Lebens« hinhält, die wir pflücken dürfen in dem Bewusstsein, dass es Geschenke Gottes an uns sind. Die »Früchte des Lebens« am Paradiesbaum erinnern daran, dass Liebe, Freiheit, Geborgenheit, Schutz und Vertrauen eben nicht nur vom Menschen machbar sind. Sie bleiben im Wesentlichen Geschenk des Lebens an uns.

Der Weihnachtsbaum/Paradiesbaum mit seinen Früchten macht uns dies bewusst und lässt uns ahnen, dass Gott uns immer dann nahe ist, wenn wir Liebe erfahren – unverdient, wenn wir Vertrauen wagen können – ohne Absicherung, wenn wir Geborgenheit finden – mitten in unserer Angst, wenn wir ...

Beschenkt durch die »Früchte des Lebens« können wir diese an andere weitergeben, können wir mit anderen den Garten Gottes bewohnen. Ein Paradies, das wir nur exklusiv für uns alleine haben wollten, wäre kein Paradies, sondern nur eine »Insel des Wohlstands« inmitten einer unwirtlichen Welt. Die Erfahrung des Paradieses lädt uns zum Teilen ein. Das Paradies wird erst zum Paradies, wenn wir es gemeinsam bewohnen.

Impulse

> Wo habe ich meine Wurzeln? Wonach strecke ich mich aus? Wonach sehne ich mich?
> Welche »Früchte des Lebens« wurden mir geschenkt?
> Welche »Früchte des Lebens« möchte ich teilen?

Ins Gespräch kommen

MATERIAL

- Kleiner Tannenbaum
- Zettel aus Goldpapier
- Maschendraht zum Herstellen von Goldkugeln sowie Drahtscheren, Goldspray (siehe Seite 132)

Alternativen

> Alternativ hierzu können Sie über die Gemeinschaft St. Egidio in Rom informieren, die »ihr Paradies« mit den Armen teilt (siehe Seite 130). Hier könnte sich auch die Frage anschließen: »Wie können wir ›unser Paradies‹ teilen? Was können wir vor Ort tun, um mit anderen die Früchte unseres Lebens zu teilen?« (Hier könnten sich konkrete Projekte vor Ort anschließen.)

> Eine weitere Alternative wäre es, zum Abschluss den israelischen Tanz »Karewe yom« zu tanzen, der das Thema »Nehmen und Geben« in Bewegung umsetzt (siehe Seite 135).

> Je nach Gruppensituation kann es auch sinnvoll sein, den Text »Die Lücke im Baum« zu lesen und im Anschluss gemeinsam über Trauer und Weihnachten sowie Trauerrituale an Weihnachten ins Gespräch zu kommen. Mögliche Fragen:
> Wie verändert der Verlust eines nahestehenden Menschen die Erfahrung von Weihnachten?
> Welche Möglichkeiten gibt es, hiermit umzugehen?

Infos

CHRISTBAUM

Seit alter Zeit ist der Baum ein Bild für das Leben, das sich stets erneuert. Im jährlichen Zyklus des Sterbens der Natur im Herbst und Winter und ihrem Wiedererwachen im Frühjahr wird am Baum nachvollzogen, was in der ganzen Schöpfung vor sich geht. Hinter diesem Geschehen wussten die alten Völker den verborgenen Ausdruck einer höheren Macht. So ist der Baum Symbol des Alls und des Lebens. Als Bild des Kosmos, verwurzelt in der Erde, in den Himmel ragend, sich in der Horizontalen ausbreitend, gilt er als Mittelpunkt der Welt.

Heilige Orte befinden sich in Hainen, Gericht wird unter der Linde gehalten, inmitten des Paradieses steht ein Baum als Symbol für das immerwährende Leben. Die Abstammung Jesu von König David und dessen Vater Isai (»Jesse«) wird im Mittelalter als Baum mit einem großen Wurzelwerk dargestellt und in vielen Kunstwerken und Hymnen versinnbildlicht (»Es ist ein Ros entsprungen, aus einer Wurzel zart ...«). Im Gegensatz zum todbringenden

Paradiesbaum wird das christliche Kreuz ab dem 4. Jahrhundert als Lebensbaumkreuz dargestellt, weil sich hier schon das neue Leben erschließt. So wachsen aus ihm frische Triebe. Es verbindet Himmel und Erde, trägt und spendet Leben. Bis heute findet man diese Darstellungen vornehmlich in den orthodoxen Kirchen.

In vorchristlicher Zeit fürchtet man in Mitteleuropa in den zwölf dunkelsten Nächten des Jahres, den so genannten »Raunächten« vom 25. Dezember bis zum 6. Januar, besonders die Umtriebe böser Geister. Als Abwehr bringt man immergrüne Fichten- und Tannenzweige in den Wohnhäusern an und entzündet Lichter. Sie sind Hinweis auf die wiedererwachende Natur und Zeichen der Hoffnung. Diese alten Bräuche werden im Mittelalter verchristlicht. So schmückt man Häuser und Kirchen in der Advents- und Weihnachtszeit mit grünen Zweigen, um auf das Leben, das mit dem Kommen Christi ermöglicht wird, hinzuweisen.

Am Tag vor der Feier der Geburt Christi, am 24. Dezember, gedenkt die Kirche des fiktiven ersten Menschenpaares Adam und Eva, um die Erlösungsbedürftigkeit der Menschen zu betonen. Mit ihnen war der Tod in die Welt gekommen, mit der Geburt Jesu beginnt die Überwindung des Todes. Diese Spannung zwischen Adam und Christus, Tod und Leben versuchen die mittelalterlichen Krippenspiele zu inszenieren. Sie werden im Mittelalter in den Kirchen aufgeführt und beginnen immer mit dem Paradiesspiel. Dazu ist ein immergrüner Baum (manchmal auch »Adamsbaum« genannt) aufgestellt, von dem an vorgeschriebener Stelle die »verbotene Frucht« gepflückt wird. Im Laufe der Entwicklung wird er immer mehr mit paradiesischen Früchten und Süßigkeiten für die Kinder behängt. Nüsse werden mit der Zeit vergoldet, andere Früchte in Silber- und Goldpapier eingewickelt (= die späteren Christbaumkugeln). Während des anschließenden Krippenspiels bleibt der Paradiesbaum in der Kirche stehen. Erst am 6. Januar dürfen die Früchte gepflückt bzw. der Baum »abgeblümelt« werden.

In der Reformation tritt an die Stelle des als katholisch verstandenen Krippenspiels das so genannte Besucherspiel, wo das Christkind, das von Martin Luther als Kunstfigur geschaffen wird, um den heiligen Nikolaus als Gabenbringer am 6. Dezember abzulösen, nun die Gaben für die Kinder bringt. Am Weihnachtsabend geht ein weiß gekleidetes, verschleiertes Mädchen von Haus zu Haus und bringt die Geschenke.

Im 16. Jahrhundert löst sich der Paradiesbaum von den Krippenspielen und taucht bei Feiern von Zünften und Bruderschaften auf. Er wird zum Symbol für die Advents- und Weihnachtszeit im evangelischen Raum. Im Jahr 1605 wird vom ersten Christbaum in Straßburg berichtet, der als Gabenbaum, allerdings noch ohne Kerzen hergerichtet ist und in Häusern aufgestellt wird – augenscheinlich zunächst gegen den teilweisen Widerstand der evangelischen Geistlichkeit.

Während sich in der Gegenreformation die Weihnachtskrippe zum katholischen Symbol entwickelt, wird der Christbaum zum weihnachtlichen Zeichen für »rechtgläubige« Protestanten. Im 18. Jahrhundert entwickelt sich das Weihnachtsfest zu einem Familienfest. So gelangt der Christbaum in die Wohnstube auch der ärmeren evangelischen Bevölkerung. Von Christbäumen, die mit Kerzen geschmückt sind, wird das erste Mal Anfang des 18. Jahrhunderts berichtet. Im 18. und 19. Jahrhundert wird der mit Kerzen bestückte Christbaum Allgemeingut in evangelischen Familien und verbreitet sich über die ganze westliche Welt. In den USA ist der erste Christbaum 1748 in Pennsylvania belegt, wo er von »verkauften« hessischen Soldaten eingeführt wird. Erst im 19. und 20. Jahrhundert »erobert« der Christbaum auch die Wohnzimmer katholischer Familien und schließlich auch die katholischen Kirchen. (35)

ST. EGIDIO

St. Egidio ist eine nach dem II. Vatikanischen Konzil gegründete internationale Laienvereinigung. Sie hat heute weltweit 40 000 Mitglieder in 60 Ländern. Entstanden ist die Gemeinschaft im Jahr 1968 aus einer Gruppe Gymnasiasten in Rom. Die Schüler begannen das Evangelium mit einem besonderen Blick auf die Armen zu lesen und zwar vornehmlich auf die Armen und Benachteiligten in der eigenen Umgebung.

Die Ziele und Anliegen der Gemeinschaft St. Egidio sind in den 1986 vom Heiligen Stuhl anerkannten Statuten festgehalten. Die wichtigsten sind:

> die Evangelisierung, vor allem auch der Menschen, die der Kirche fern stehen und am Rand der Gesellschaft leben,

> der Dienst an den Armen im Geiste des II. Vatikanischen Konzils, das von der »Kirche aller und in besonderer Weise der Armen« (Johannes XXIII.) spricht,

> der ökumenische und interreligiöse Dialog.

Das Engagement der Gemeinschaft lebt aus der täglichen Praxis des persönlichen und gemeinschaftlichen Gebets. Wo eine Gruppe der Gemeinschaft besteht, versuchen die Mitglieder, überwiegend Laien, aber auch Priester und Ordensleute, sich in Treue zum Evangelium um die Armen vor Ort zu kümmern. So nehmen sie ihre Verantwortung als Christen in der Welt wahr. Dies geschieht ehrenamtlich und ist vom Geist der Freundschaft untereinander, aber auch mit anderen Gläubigen und insbesondere mit den Armen getragen.

Der Dienst an den Armen

Der Einsatz für Kinder und für alte und kranke Menschen gründet in der vorab skizzierten Spiritualität der Gemeinschaft. Dieser Dienst wird in Deutschland in Altenheimen durchgeführt. In Afrika versucht die Gemeinschaft durch ein breit angelegtes Aids-Projekt in Mosambik, die Übertragung des Virus von der Mutter auf das Kind zu verhindern und Kranke zu therapieren. Die in Europa beheimateten Gemeinschaften setzen sich vor allem für Flüchtlinge und Ausländer ein. Dabei sind vielfältige Dienste entstanden, die von Soforthilfe im Einzelfall bis zu festen Beratungseinrichtungen reichen. Mittagstische für Obdachlose und Flüchtlinge wurden in mehreren Städten Europas eingerichtet. Dort wird auch in Rechtsfragen beraten. St. Egidio organisiert Sprachunterricht und hilft bei der Suche nach Arbeit. In den letzten Jahren entstanden Verbindungen zwischen Einheimischen und Ausländern, um sich gemeinsam gegen Intoleranz, Rassismus und Diskriminierung von Schwächeren zu engagieren.

Die Gemeinschaft setzt sich öffentlich für den Verbleib und die Versorgung alter Menschen in der eigenen Wohnung ein und spricht sich für eine Kultur der Menschlichkeit gegenüber den Schwachen aus. Auf ihre Initiative hin kam ein weltweites Moratorium zur Todesstrafe zustande.

(Infos unter: www.santegidio.de)

Material

GOLDKUGEL AUS MASCHENDRAHT

Material: Maschendraht, Drahtschere, Goldspray

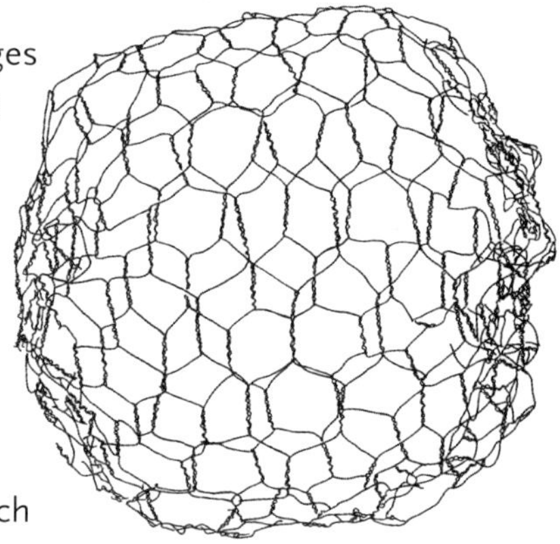

Schneiden Sie zunächst ein 40 cm langes Stück vom Maschendraht ab. Formen Sie dies zu einer Röhre (siehe Bild unten), indem sie die Enden miteinander verbinden (umbiegen).

In einem weiteren Arbeitsschritt schneiden Sie ca. 20 cm kleine Röhren ab und schließen die Enden durch Biegen der offenen Seiten. So entstehen Maschendrahtkugeln, welche Sie nun noch mit Goldspray lackieren können. Dazu gehen Sie am besten ins Freie, fädeln die Kugeln auf einer Schnur auf, hängen diese auf – und los geht's mit dem Sprühen.

Während die Kugeln trocknen, können die Teilnehmer Verheißungsverse auf Goldpapier schreiben. Diese werden dann zusammengerollt in die trockenen Kugeln gesteckt und an den Tannenbaum gehängt.

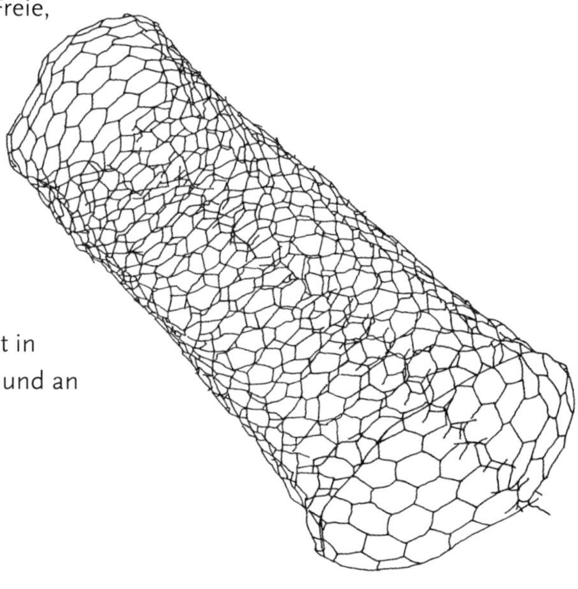

DIE DREI BÄUME

Einem jungen Königspaar wurden drei Söhne geboren. Nach jeder Geburt pflanzte der König einen Baum mit einem besonderen Wunsch in den Schlossgarten. Dem Erstgeborenen wünschte er die Kraft und Mächtigkeit eines Baumes, dem Zweiten Lebensmut und Freude, wie das grüne Kleid des Baumes dies kündet, und dem Jüngsten wünschte er: »Du sollst reifen und immer Frucht bringen.« Die Söhne wuchsen heran, wie auch die Jahresringe der Bäume zunahmen. Jeder machte sich den Wunsch des Vaters zur Lebensregel.

Der Älteste verstand unter »Mächtigkeit«, in immer neuen Kriegen seinen Reichtum zu mehren. Aber mit seiner Macht wuchs auch seine Einsamkeit, weil alle vor ihm Angst hatten. In den Kämpfen des Krieges wurde sein Baum geschlagen und verdorrte.

Der zweite Sohn verstand unter Leben und Freude, Feste fröhlich zu feiern. Er prasste und schlemmte, Ärger und Missgunst wuchsen, und schnell war das Erbe verbraucht. Er wurde einsam und krank; der Baum welkte.

Der Jüngste dachte über den Wunsch seines Vaters nach; er saß lange unter seinem Baum. Schließlich begriff er das Sinnbild des Baumes: Die Wurzeln griffen tief in die Erde und gaben dabei festen Stand, den kein Sturm erschüttern konnte. Gleichzeitig saugten sie Wasser und Nahrung aus der Erde für Äste, Blätter, Nadeln und Früchte. Er sah aber auch das Streben des Baumes in die Höhe, um Luft einzuatmen. Da wusste der jüngste Sohn, dass Früchte nur wachsen können, wenn die Kraft der Erde und der Segen des Himmels sich vereinen.

So richtete er seinen Blick auf die Erde und ging neben seiner Arbeit auch zu den Kranken, Hungrigen und Traurigen. Und wenn er von seiner Arbeit müde und ausgelaugt war, setzte er sich unter den Baum, schaute nach oben in die Zweige und erbat sich vom Himmel Kraft und Segen für sein Werk.

Jedes Mal entdeckte er dabei neue Früchte in seinem Baum, und seine Blätter welkten über das ganze Jahr nicht.

(Verfasser unbekannt)

HERR, WIE EIN BAUM

T: Lothar Zenetti; M: Klaus Simon

Gib Wurzeln mir, die in die Erde reichen,
dass tief ich gründe in den alten Zeiten,
verwurzelt in dem Glauben meiner Väter.

Gib mir Kraft, zum festen Stamm zu wachsen,
dass aufrecht ich an meinem Platze stehe
und wanke nicht, auch wenn die Stürme toben.

Gib, dass aus mir sich Äste frei erheben,
o meine Kinder, Herr, lass sie erstarken
und ihre Zweige recken in den Himmel.

Gib Zukunft mir und lass die Blätter grünen
und nach den Wintern Hoffnung neu erblühen
und wenn es Zeit ist, lass mich Früchte tragen.

Herr, wie ein Baum, so sei vor dir mein Leben.
Herr, wie ein Baum sei vor dir mein Gebet.

TANZBESCHREIBUNG: NEHMEN UND GEBEN

Musik: Karewe yom (israelisch)

Die Schritte dieses Tanzes sind einfach und meditativ: Zwei Schritte vorwärts zur Mitte hin – wiegen – zwei Schritte vorwärts zur Mitte hin – wiegen – zwei Schritte rückwärts aus der Mitte heraus – wiegen – zwei Schritte rückwärts aus der Mitte heraus – wiegen – da capo.

Das Gewicht des Tanzes liegt auf dem Ausdruck der Hände: Die zur Erde gewandten Handflächen des ersten Taktes symbolisieren das Abgeben, während die nach oben geöffneten Hände des zweiten und dritten Taktes das Empfangen zum Ausdruck bringen.

Aufstellung im Kreis, jede für sich. Die Hände ruhen auf dem Lebenszentrum im Unterbauch.

4/4-Takt

Zählzeit 1–2: Zwei Schritte vorwärts zur Mitte, re – li. Hände öffnen sich dabei nach vorne (Beckenhöhe); Handflächen zeigen zur Erde.
3–4: Tiefer Wiegeschritt re – li.
1–2: Zwei Schritte vorwärts zur Mitte, re – li. Hände wenden sich, sodass die Handflächen nach oben zeigen.
3–4: Wiegeschritt re – li.
1–2: Zwei Schritte rückwärts aus der Mitte heraus, re – li. Beide Arme werden in dieser geöffneten Handhaltung in die Höhe geführt (fast bis zur Streckung).
3–4: Tiefer Wiegeschritt re – li.
1–2: Zwei Schritte rückwärts aus der Mitte heraus, re – li. Unterarme werden in einem Halbkreis nach unten geführt, kreuzen aneinander vorbei und kommen auf dem Bauch in der Ausgangsposition zur Ruhe.
3–4: Wiegeschritt re – li.
Da capo.

DIE LÜCKE IM BAUM

Weihnachten kann zum Horror werden, wenn ein Kind gestorben ist. Der Schmerz der Lücke meldet sich für die zurückgebliebenen Eltern und Geschwister in diesen stillen Tagen besonders heftig. Weihnachten hat für sie seinen Sinn verloren, jedenfalls wenn sie es als ein reines »Fest der Freude« erlebt haben. Häufig fliehen die Trauernden, um sich dann im Süden bei Sonne und Wärme noch elender zu fühlen. Was tun?

Dietrich Bonhoeffers Schwester Sabine berichtet von einem Ritual aus ihrem Elternhaus:

»Weihnachten 1918 ist alles sehr schwer. Unser Bruder Walter fehlt. Er, der zweitälteste Sohn meiner Eltern, ist am 28. April 1918 als achtzehnjähriger Fahnenjunker im Westen gefallen. Eine schreckliche Lücke ist nun da, und sie bleibt offen. An diesem Weihnachtstag sagt unsere Mutter: ›Wir wollen nachher hinübergehen.‹ Das Hinübergehen heißt, wir gehen alle auf den Friedhof. Mama und Papa sind vorher noch einmal ins Wohnzimmer gegangen und haben einen Tannenzweig vom Baum geschnitten mit einem Licht und Lametta und nehmen diesen Weihnachtszweig für das Grab von Walter mit. Auch in den folgenden Jahren ist es zu Weihnachten bei diesem Friedhofsgang geblieben.«

Weihnachten hatte sein »Heilsein« verloren, wie das Loch im Baum allen zeigte. Die Lücke war nicht verleugnet. Sie wurde nicht überdeckt. Zugleich gab es für die Eltern und die anderen Geschwister eine Verbindung vom Baum zum Grab, von Feier zu Friedhof.

Manche Trauernde haben dieses Ritual der Bonhoefferfamilie dankbar aufgenommen und inzwischen selber gestaltet. Sie berichten, es habe ihnen geholfen, Tod und Leben in Beziehung zu bringen, ohne dass sie Weihnachtsstimmung heucheln mussten.

Auch Kinder verstehen dieses Ritual. In einer Familie hat der kleine Bruder des gestorbenen älteren Bruders ein Bild in die Lücke des Baumes gestellt. »Für Klaus«, hat er gesagt. Das Bild ist dort geblieben, bis der Weihnachtsbaum vertrocknet war.[36]

ENGELSSPUREN

Sagt mir doch nicht
Es gäbe keine Engel mehr
Wenn Ihr die Liebe gekannt habt
Ihre rosigen Flügelspitzen
Ihre eherne Strenge

MARIE LUISE KASCHNITZ

Gedanken und Erfahrungen

In der Advents- und Weihnachtszeit sind sie überall zu sehen – die Engel. Goldglänzend schweben sie in den Schaufenstern der Stadt, bunt barock lächeln sie uns von Geschenkpapier und Weihnachtskarten entgegen. Die Regale der Buchläden sind gefüllt mit Büchern über Engel, und selbst die Filmbranche nimmt sich der himmlischen Wesen an.

Der Film »Stadt der Engel« von Regisseur Brad Silberling erzählt die Geschichte des Engels Seth (Nicolas Cage) und der Herzchirurgin Maggie (Meg Ryan). Der Film beginnt im OP-Saal, wo die Ärztin um das Leben eines Patienten ringt. »He's not going anywhere!« (»Er wird nirgendwohin gehen!«), spricht sich Maggie verzweifelt Mut zu, als sie das stillstehende Herz dieses Patienten massiert – doch da steht der »Geistleib« des Patienten schon neben dem Engel Seth, der den Auftrag erhalten hat, diesen in die Ewigkeit zu begleiten.

Später, als Maggie voller Trauer und Verzweiflung über ihr Versagen auf den Treppenstufen des Hospitals sitzt, schaut der Engel der Frau in die Augen. Der Anfang einer Reihe von Begegnungen: Immer dann, wenn die sonst so nüchterne Chirurgin erfährt, dass sich das Leben der Machbarkeit entzieht, dass es brüchig und unberechenbar ist, trifft sie den Engel Seth. Er begleitet sie in den unauslotbaren Tiefen des Lebens und steht ihr tröstend und heilend zur Seite. Eine Liebesgeschichte beginnt, an deren Ende der Engel sein Engel-Dasein verlieren muss, um ganz mit Maggie vereint zu sein.

Eine rührende Romanze? Vielleicht auch – aber sicher nicht nur! Denn ohne Zweifel ist der Engel Seth ein Bild für die verlorene Seite im Leben der Naturwissenschaftlerin Maggie, ein Bild für die verlorene Seite ihrer Seele. Er symbolisiert die Dimension ihrer Persönlichkeit, die sich nach mehr sehnt als dem, was berechenbar und beweisbar ist, was »auf der Hand« liegt.

Gerade Jugendliche sind fasziniert von diesem Film, erzählt er doch von ihrer Sehnsucht nach dem Heiligen. Intuitiv erfassen sie, dass hier auch von der »verlorenen Seite ihrer (unserer) Seele« gesprochen wird. Der Film macht Mut, diese verlorene Seite neu zu entdecken. Der Engel Seth versinnbildlicht den Wunsch, Gott möge doch in unserer Welt erfahrbar sein. Er ist die Antwort auf unsere Sehnsucht, dass Gott in unser Leben einbrechen möge an den Bruchstellen unserer Biographie – im Tod, in Krankheit und Leid. Der Film sagt: In den

Momenten unseres Lebens, in denen wir loslassen müssen, dürfen wir erfahren, dass unsere Hände dennoch nicht leer bleiben. Dies sind »Engelserfahrungen« – oder nüchterner formuliert: Gotteserfahrungen.

Gotteserfahrungen jedoch sind nicht Leistung des Menschen. Der Film drückt diese Überzeugung dadurch aus, dass der Engel Seth »vom Himmel stürzen muss«, um ganz mit Maggie vereint zu sein. Auch hier ein Bild, um deutlich zu machen, dass die Begegnung mit Gott dadurch möglich wird, dass Gott auf uns zukommt.

So ist dieser Film ein weihnachtlicher Film. Feiern wir doch an Weihnachten, dass Gott in unser Leben einbricht. Die Weihnachtsevangelien sind Geschichten, die davon erzählen, dass in dem Kind in der Krippe Gott auf uns Menschen zukommt, uns befreit und heilt.

So verwundert es nicht, dass Engel in den Weihnachtsevangelien eine große Rolle spielen: Ein Engel sagt Maria, dass sie ein Kind bekommen wird (Lk 1, 26–39). Den Hirten auf dem Feld wird die Geburt Jesu durch einen Engel verkündet (Lk 2,8–15). In all dem wird uns gesagt: »In diesem Kind, das hier geboren wird, spricht Gott zu euch, in ihm erfahrt ihr die Liebe Gottes zu euch Menschen.«

Die Engel, die uns in der Advents- und Weihnachtszeit in Schaufenstern und Wohnungen begleiten, können so mehr sein als nur romantische Dekoration. Zum einen sind sie Ausdruck unserer Sehnsucht nach Hilfe und Heilung, die nicht aus uns kommt. Zum anderen können sie uns an die »Engelsspuren« in unserem Leben erinnern. Und vielleicht können wir entdecken, wo Gott in unserem Leben auf uns zukommt, wo er unsere leeren Hände füllt.

Impulse

> Wo entdecke ich Engelsspuren in meinem Leben?
> Wem bin ich Engel?
> Wer ist mir Engel?

Ins Gespräch kommen

MATERIAL

- Evtl. Engelbilder z. B. aus: Herbert Vorgrimler/Ursula Bernauer/Thomas Sternberg, Engel, Erfahrungen göttlicher Nähe, Verlag Herder, Freiburg/Basel/Wien 2001.
- Videorekorder, Video »Stadt der Engel«, Regie: Brad Silberling, 1998, 110 Minuten
- Imbiss und Getränke (evtl. von den Teilnehmern mitbringen lassen)
- Bibl. Texte: Lk, 1,26–39 und Lk 2,8–15
- Evtl. Bild von F.P. Kelm, Engel – Lichtbringer (siehe Seite 87)
- Evtl. Lied »Engel« von Fritz Baltruweit (siehe Seite 144)
- Evtl. Briefpapier, Kuverts, Stifte
- Evtl. Text von R.O. Wiemer, »Es müssen nicht Männer mit Flügeln sein« (siehe Seite 146), CD-Player, Vertonung des Wiemer-Textes auf der CD: Siegfried Macht, Dass Frieden werde, Lieder & Meditative Tänze.
- Evtl. ein Papierbogen DIN A3 pro Teilnehmer und schöne Wachsmalstifte – am besten Aquarellkreide

GRUPPENGRÖßE ca. 10–20 Personen

ZEIT 4–5 Stunden (inklusive Imbiss) bei Filmbetrachtung, ansonsten 1–2 Stunden

VERLAUF

Bitten Sie die Teilnehmer vor dem Treffen, ein Bild oder die Figur eines Engels mitzubringen. In einer Vorstellungsrunde kann jeder von seinem mitgebrachten Engel erzählen und vielleicht auch davon, was der Engel für ihn bedeutet.
Alternativ können Sie auch Fotokopien von Engelbildern aus verschiedenen Epochen der Kunst (z. B. aus Vorgrimler u. a.) in die Mitte legen und die Teilnehmer das Engelbild wählen lassen, das sie am meisten anspricht. In einem anschließenden Rundgespräch können die Teilnehmer erläutern, warum sie das Bild gewählt haben und welche Gedanken sie mit dem Begriff »Engel« verbinden.

Nach dieser ersten Begegnungsrunde können Sie gemeinsam den Film »Stadt der Engel« ansehen.
Danach empfiehlt es sich, eine längere Pause einzulegen, um die Aufnahmefähigkeit der Teilnehmer nicht zu sehr zu strapazieren. Ein kleiner Imbiss stärkt Leib und Seele.
Nach dieser Pause kann ein Auswertungsgespräch stattfinden. Versuchen Sie dabei – besonders bei jugendlichen Teilnehmern erforderlich – die Aufmerksamkeit weg von der Liebesgeschichte auf die symbolische Ebene des Films zu lenken. Mögliche Auswertungsfragen und Impulse:

> Wenn Sie die Augen schließen, welche Bilder des Films werden in Ihnen wach? Welche Gefühle und Gedanken rufen diese Bilder in Ihnen hervor?
> Beschreiben Sie die Welt der Ärztin.
> Welche Welt symbolisieren die Engel? Wo sind sie zu finden? Welche Erfahrungen vermitteln sie? In welchen Situationen treten sie auf? Welche Erfahrungen vermitteln die Engel?
> Welche Bedeutung hat es, dass Seth »vom Himmel auf die Erde stürzen« muss?
> Wie deuten Sie die Szene, in welcher Seth und Maggie vereint am ruhigen See sitzen? (Harmonie, Friede, da »Himmel« und »Erde« sich begegnen.)

In einem weiteren Schritt betrachten Sie nun gemeinsam die Engel in den Weihnachtsevangelien. Dabei kann Lk 2,8–15 gelesen werden. Lesen Sie den Text gemeinsam laut vor. Die Teilnehmer, die möchten, können nun den Vers, der sie am meisten angesprochen hat, nochmals laut vorlesen und in seiner Bedeutung für sie selbst erläutern. Falls erforderlich und gewünscht, können Sie theologische Überlegungen zu den »Engeln« (siehe Seite 142 f.) einbringen.

Alternativen

Falls der Film nicht zur Verfügung steht, kann alternativ das Bild von F. P. Kelm »Engel – Lichtbringer« betrachtet werden (siehe Seite 87). Als Betrachtungsimpulse sind folgende Fragen denkbar:

> Was sehen Sie?
> Was fällt besonders auf?
> Legen Sie das Bild zur Seite, sodass Sie es nicht mehr sehen! Was sehen Sie jetzt noch von dem Bild innerlich vor sich?

Nach dem Gespräch kann gemeinsam das »Engellied« von Fritz Baltruweit gesungen werden (siehe Seite 144).

In einem letzen Schritt soll »Engelsspuren« im eigenen Leben nachgespürt werden. Hierzu sind unterschiedliche Wege denkbar.

> Zum einen könnten Sie das Gedicht von R.O. Wiemer »Es müssen nicht Männer mit Flügeln sein« vorlesen (siehe Seite 146) und die Teilnehmer bitten, dem »Engel« ihres Lebens (z. B. Oma, Freund, Mutter, Arbeitskollegen) einen Brief zu schreiben und ihm Danke zu sagen.

> Alternativ könnten Sie das Gedicht von Rose Ausländer »Der Engel in dir« (siehe Seite 147) vorlesen und die Teilnehmer bitten, ein Engelbild zu malen und diesem Bild einen Namen zu geben. Anschließend ist ein Gespräch über die Bilder möglich.

> Als dritte Möglichkeit wäre denkbar, gemeinsam den Tanz von Siegfried Macht »Es müssen nicht Männer mit Flügeln sein« zu tanzen (siehe Seite 147).
Hier kann ein besonderer Schwerpunkt darauf gelegt werden, die »Engel« unseres Lebens zu betrachten, die sich uns bisweilen in den Weg stellen und »Nein!« sagen, die unsere Pläne kreuzen und uns so zwingen, andere Wege einzuschlagen. Auch wenn wir diese in der konkreten Situation des Alltags nicht als »Engel« erkennen, wenn wir uns über sie ärgern und wütend sind, so können auch sie »Engel« sein, da sie uns zwingen, notwendige Korrekturen in unserem Leben vorzunehmen und uns auf das Wesentliche zu besinnen.

Infos

ENGEL – EINE ANNÄHERUNG

Nach dem heiligen Augustinus ist »Engel« eine Bezeichnung für eine Aufgabe, nicht für ein Wesen. Der Engel ist der Bote Gottes, durch den Gott dem Menschen eine Botschaft sendet, ihn begleitet und etwas in ihm bewirkt. Der Engel kann in einem Menschen zu uns kommen, im Traum oder in unserer Seele. Der Ort, an dem Engel erfahren werden, ist das menschliche Herz. Die Bibel und die Kirchenväter sind überzeugt, dass der Mensch die Engel immer wieder einmal sehen und erfahren kann. Diese Erfahrungen werden bildhaft beschrieben.

Alles genauere Eindringen in das Wesen und Wirken der Engel, alle menschliche Neugier, der Engel habhaft zu werden, wird von der Kirche abgelehnt.

»Wenn wir die kirchliche Lehre ernst nehmen, so dürfen wir mit gutem Recht von Engeln sprechen, in denen Gott seine Nähe zeigt, durch die Gott selbst an uns wirkt. (...) Im Engel konkretisiert sich für uns damit Gottes Nähe. Gottes liebende Nähe umgibt mich in einer geschaffenen Wirklichkeit. Sie wird also für mich erfahrbar, konkret. Ich muss nicht nur an Gottes Nähe glauben. Sie lässt sich erfahren: etwa in einem Gedanken, der in mir aufblitzt. Von der christlichen Tradition her ist es legitim zu sagen, ein Engel habe mir diesen Gedanken eingegeben. Die Bibel spricht vom Engel immer wieder im Zusammenhang mit dem Traum. Im Traum spricht ein Engel zu mir und konkretisiert mir Gottes Botschaft. (...) Ein Mensch kann für uns Engel werden. Der Mensch ist nicht seinem Wesen nach Engel. Aber in diesem oder jenem Augenblick wird er für mich dazu. In ihm erfahre ich Gottes helfende und liebende Nähe.

Wir müssen nicht an Engel glauben. Engel sind nicht Gegenstand unseres Glaubens. Glauben können wir nur an Gott. Aber in den Engeln kann sich der Glaube an Gottes Liebe konkretisieren und verdichten. Engel können erfahren werden. Sie verbinden unsere Welt mit der Welt Gottes. In den Engeln reicht Gott in unsere alltägliche Wirklichkeit hinein. (...) Denn Gott ist immer auch der ganz Andere, unbegreifliche, unnennbare; er ist das absolute Geheimnis, das wir nie erfassen können. In den Engeln zeigt er uns auf menschliche Weise seine Nähe. Daher dürfen wir von den Engeln sprechen. Aber wir sollen es immer im Zusammenhang mit Gott tun. (...) Engel sind Boten Gottes. Sie verweisen auf Gott. Sie öffnen unseren Blick für das Geheimnis Gottes. Sie stellen die Verbindung her zwischen Himmel und Erde, zwischen Gott und Mensch.«[37]

F. P. KELM, ENGEL – LICHTBRINGER

Vor einem blau-gelben Hintergrund, vor gelbem Kreis und dunkelblauem Rechteck steht eine Lichtgestalt, die die Arme zum Himmel ausstreckt. Voller Dynamik scheint die Gestalt auf den Betrachter zuzugehen, ihn einzuladen ins Licht.

Die Farbe Gelb und der Kreis sind seit alter Zeit Symbol des Göttlichen, während Viereck und die Farbe Blau für die Schöpfung stehen. Gelb und Blau, Kreis und Rechteck, Himmel und Erde – im Horizont der Lichtgestalt sind dies keine Gegensätze mehr, vielmehr durchdringen sich beide Pole. Besonders deutlich wird dies in der Farbgebung des Bildes: Gelb und Blau – beide Farben sind in der Lichtgestalt anwesend, wenn auch Gelb und die Farbe Weiß (= die Farbe Gottes) hier dominieren. Beide Farben sind aber auch im Hintergrund zu finden: Hier erstrahlt das Gelb im Blau der Schöpfung und verwandelt dies ins helle Grün/Türkis.

Engelserfahrungen – so wird in diesem Bild deutlich – sind Erfahrungen, in welchen die sichtbare Wirklichkeit durchlässig wird für die »Wirklichkeit hinter der Wirklichkeit«. Wo dies geschieht, verwandelt sich die Sehnsucht der Schöpfung nach Gott (vgl. Farbe Blau) in Leben (vgl. Farbe Grün).

»Lichtbringer« nennt F.P. Kelm dieses Engelbild, das einem Zyklus von vier Engelbildern entstammt. Er fängt hier die Erfahrung ein, dass da, wo wir in unserem Leben »Engeln« begegnen, die Dunkelheit der Existenz dem Licht weicht. Fritz Baltruweit schreibt zu diesem Bild: »Du bringst mir Licht in meine Zeiten. Du schenkst mir neue Kraft. Wenn Du da bist, wird mein Leben leicht. Du öffnest eine Tür zu einer andren Wirklichkeit, die übersteigt Raum und Zeit. In Deiner Nähe habe ich den Himmel erblickt. Du bist ein Engel (...), von Gott geschickt.«

Material

T und M: Fritz Baltruweit

2. Du bringst mir Licht in meine Zeiten.
Du schenkst mir neue Kraft. ...

3. Du gibst mir Schutz vor den Gefahren.
Du lässt mich nicht allein. ...

4. Du nimmst mich an die Hand am Ende
und führst mich in das Licht.

ES MÜSSEN NICHT MÄNNER MIT FLÜGELN SEIN

Es müssen nicht Männer mit Flügeln sein,
die Engel.
Sie gehen leise, sie müssen nicht schrein,
oft sind sie alt und hässlich und klein,
die Engel.

Sie haben kein Schwert, kein weißes Gewand,
die Engel.
Vielleicht ist einer, der gibt dir die Hand,
oder er wohnt neben dir, Wand an Wand,
der Engel.

Dem Hungernden hat er das Brot gebracht,
der Engel.
Dem Kranken hat er das Bett gemacht,
und er hört, wenn du ihn rufst, in der Nacht,
der Engel.

Er steht im Weg und er sagt: Nein,
der Engel.
Groß wie ein Pfahl und hart wie ein Stein.
Es müssen nicht Männer mit Flügeln sein,
die Engel.

(Rudolf Otto Wiemer)

TANZ: »ES MÜSSEN NICHT MÄNNER MIT FLÜGELN SEIN«

Musik: CD »Dass Frieden werde« (siehe Seite 182)

Aufstellung: (Flanken-) Kreis (links), Hände beider Nachbarn locker herabhängend gefasst.

Schrittmaß: Punktierte Halbe, 16 Schritte pro Strophendurchgang.

3 Gehschritte – rechts beginnend auf der Kreisbahn gegen den Uhrzeiger.
3x nach Drehung zur Mitte hin- und herwiegen: links, rechts, links.
4 Gehschritte wie oben (nach Vierteldrehung um rechte Schulter).
4x nach Drehung zur Mitte hin- und herwiegen: rechts, links, rechts, links.
1 Schritt rechts rückwärts, dabei Hände in Kopfhöhe heben.
1 Schritt links vorwärts, Hände senken.

DER ENGEL IN DIR

Der Engel in dir
freut sich über dein
Licht
weint über deine Finsternis
Aus seinen Flügeln rauschen
Liebesworte
Gedichte Liebkosungen
Er bewacht
deinen Weg
Lenk deinen Schritt
engelwärts

(Rose Ausländer)

GEBOREN IM STALL

Statt Macht – Ohnmacht,
statt Überlegenheit – Hilflosigkeit,
statt Lichterglanz –Dunkelheit.
Nichts war niedlich,
und die Höhlenwände waren nicht romantisch.

GERHARD LOHFINK

Gedanken und Erfahrungen

Und sie gebar ihren Sohn, den Erstgeborenen. Sie wickelte ihn in Windeln und legte ihn in eine Krippe, weil in der Herberge kein Platz für sie war.« (Lk 2,7)

»Und das soll euch als Zeichen dienen: Ihr werdet ein Kind finden, das, in Windeln gewickelt, in einer Krippe liegt!« (Lk 2,12)

Zwei Mal nennt Lukas bei der Beschreibung der Geburt Jesu die Futterkrippe. »Vermutlich war es eine Felsenkrippe, in die Jesus da gelegt worden ist. In Bethlehem gab es Häuser, die über einer Höhle erbaut waren. Die Höhle diente der Unterbringung des Viehs. Dort waren Steintröge und Krippen in den Felsen gehauen. Das griechische Wort für Herberge (= »katalyma«) meint wohl das Gemach über der Höhle. Weil in diesem Gemach kein Platz für das neugeborene Kind war, blieb nur der Stall mit der Futterkrippe. Sie ist ein Bild für die Armut des Kindes, in dem Gottes Herrlichkeit aufleuchtet.«[38]

Die Krippe wurde im Laufe der Geschichte unterschiedlich dargestellt: Im Osten glich sie eher einem Sarg (Krippe und Kreuz gehören zusammen), während sich im Westen die »Altarkrippe« entwickelte (in der Eucharistie feiern wir das Geheimnis der Menschwerdung).

Besonders seit dem Mittelalter wurde die Krippe so dargestellt, wie wir sie heute kennen: als Holzkrippe mit Stroh, Ochs, Esel und Hirten.

Für die damalige Zeit mit ihrer Agrarkultur war dies ein Bild, das jedermann verständlich war. Einen Stall mit Stroh und Mist, den kannte man aus dem Alltag. Und intuitiv wusste man das Bild des »Christuskindes in der Krippe im Stall« zu deuten: Gott begegnet dem Menschen da, wo es schmutzig ist, wo sich der Unrat und Mist des Lebens angesammelt haben.

Für viele von uns heute, die wir in unserem Leben kaum einen Fuß in einen Stall gesetzt haben, müsste sich vielleicht eine neue »Krippentradition« entwickeln: das »Christuskind in der geschlossenen Abteilung einer psychiatrischen Klinik«, das »Christuskind in der sterilen Wohnung eines Yuppies in der Großstadt«, das »Christuskind am Familientisch einer normalen Durchschnittsfamilie mit all ihren Unzulänglichkeiten«.

Vielleicht könnten wir diese Bilder besser übersetzen und würden so erahnen, dass Weihnachten jenseits einer realitätsfremden Krippenromantik angesiedelt ist. Vielleicht würden wir dann Gott, der auch im »Mist und Müll unseres Lebens« bei uns sein will, näherkommen. Wir würden dann begreifen, dass wir am »Heiligen Abend« eben nicht »heile Welt« spielen müssen. Gott, der den »Mist unseres Lebens« kennt, kommt auch in die »Bruchbude« unseres Familienlebens.

Jenseits dieser existenziellen Erfahrungen hat die Botschaft von der Geburt Jesu im Stall auch politische Relevanz. Erich Fried hat diese in seinem Gedicht »Weihnachtslied« zum Ausdruck zu bringen gesucht (siehe Seite 158).

Verschiedene Bildfetzen werden hier niedergeschrieben und in Zusammenhang gebracht. Die erste und die letzte Strophe erinnern an die Krippe: »Stroh, Wiege, Kind, Mutter«. Kontrastiv hierzu wird in der zweiten und dritten Strophe mit Wortfeldern gearbeitet (z. B. Wortfeld »Passion«: Schwamm, Essig, Dornen, Blut; Wortfeld »Prostitution«: Dirnen, Gosse, Wut; Wortfeld »Vernichtung /Konzentrationslager«: Gas, Waage, Grube). Fried verlegt so die Geburt Jesu in heutige Passionen.

Eine ähnliche Provokation stellt das Bild von Peter Heidutzek dar (vgl. Seite 88). Er gestaltet sein Bild als Collage aus Dürers »Geburt Christi« und Pablo Picassos »Guernica«. »Guernica« – gemalt nach der Bombardierung der gleichnamigen spanischen Stadt – steht für den Wahnsinn und die Grausamkeit unseres Jahrhunderts. Peter Heidutzek, ein gläubiger Künstler, hat Maria, Josef und dem Kind die Gesichter und den Schrei der Menschen von Guernica und damit das Gesicht aller gequälten Menschen gegeben.

Der Gott des Kindes im Stall ist ein parteiischer Gott. Im Leben Jesu hat er sich auf die Seite derer gestellt, die »im Stall« leben. Wenige Kapitel nach der Kindheitsgeschichte stellt Lukas das Programm Jesu dessen Wirken voran:

»Der Geist des Herrn ruht auf mir; denn der Herr hat mich gesalbt. Er hat mich gesandt, damit ich den Armen eine gute Nachricht bringe; damit ich den Gefangenen die Entlassung verkünde und den Blinden das Augenlicht; damit ich die Zerschlagenen in Freiheit setze und ein Gnadenjahr des Herrn ausrufe.« (Lk 4,18 f.)

Impulse

> Kann ich mich an die Weihnachtskrippe meiner Kindheit erinnern? Welche Gefühle löst dies bei mir aus?
> »Geboren im Stall meines Lebens« – was bedeutet das für mich?

Ins Gespräch kommen

MATERIAL

- Für die Mitte: braune Tücher, Stroh und eine Holzkrippe
- Texte Lk 2,7 und Lk 2,12
- Hausmüll (z. B. Milchtüten, Plastikbecher, Plastiktüten, Dosen usw., alte Zeitungen/Zeitschriften); Folienstifte
- Stifte, Farben und Scheren
- Bild von Peter Heidutzek (siehe Seite 88) als Kopie
- Evtl. Gedicht von Erich Fried »Weihnachtslied« (siehe Seite 158); evtl. hierzu Plakatstreifen mit den im Gedicht verwendeten Nomen
- Evtl. Farbkopien eines traditionellen christlichen Krippenmotivs, aktuelle Zeitungen, Scheren, Stifte, Klebstoff
- Evtl. Termine für Besuche bei Caritas, Sozialdienst kath. Frauen, Hospiz usw.

GRUPPENGRÖSSE ca. 10–15 Personen

ZEIT ca. 2 Stunden (ohne Besuche!)

VERLAUF

Gestalten Sie die Mitte des Sitzkreises mit einer Krippe aus Stroh.
Bitten Sie die Teilnehmer, ihre Assoziationen dazu zu nennen:
> Was verbinde ich mit »Krippe«, was mit »Stall«?
> Welche Weihnachtskrippe hatten wir zu Hause? Welche Gefühle löst es aus, wenn ich mich daran erinnere?

In einem zweiten Schritt konfrontieren Sie die Teilnehmer mit dem Gedicht von Erich Fried »Weihnachtslied« (siehe Seite 158). Lesen Sie gemeinsam das Gedicht und suchen Sie die verwendeten Wortfelder. Hierzu können Sie die im Gedicht gebrauchten Nomen auf Plakatstreifen schreiben und diese auf dem Boden zu verwandten Wortgruppen zusammenlegen lassen.
Fragen Sie dann nach der Aussageabsicht des Gedichtes (siehe Seite 150):
> Welche Bedeutung hat es, wenn Erich Fried dem Wortfeld »Krippe« die Wortfelder »Passion« und »Vernichtung – Konzentrationslager« gegenüberstellt?
> Was will Erich Fried durch diese ungewöhnliche Komposition ausdrücken?

Alternative
Alternativ zum Gedicht von Erich Fried kann auch das Bild von Peter Heidutzek betrachtet werden (siehe Seite 88):
> Was sehen Sie? (Bildbeschreibung)
> Was fällt Ihnen besonders auf? (Fokussieren)
> Was gefällt oder missfällt Ihnen? (Wertung)
> Geben Sie Josef, Maria und dem Kind eine Stimme! (Kreativität)
> Was will Peter Heidutzek ausdrücken, wenn er diese verschiedenen Bilder zusammenführt?
Lassen Sie den Teilnehmern nach jedem Impuls genügend Zeit, um ihre Gedanken zu äußern! Versuchen Sie evtl. entstehende Pausen auszuhalten!
Erläutern Sie das Bild, eine Collage aus einem Dürer-Gemälde und Picassos Guernica (siehe Seite 150), und bitten Sie die Teilnehmer dann nochmals, ihre Gedanken zu äußern.
Zur Vertiefung des Gedankens, dass das Bild von der Geburt im Stall uns darauf hinweist, dass Gott in das Unheilsszenario unseres Lebens kommt, können nun zwei unterschiedliche Wege beschritten werden.
> Die Teilnehmer können zum Stroh in der Mitte den »Müll unserer Gegenwart« legen. Sie können dazu bereitgelegten Müll (z. B. Joghurtbecher, Dosen, Tüten) verwenden und auf diesen mit Folienstiften Begriffe schreiben, die den »Unrat unserer Zeit« benennen. Sie können aber auch Ausschnitte aus bereitgelegten Zeitungsartikeln in die Mitte legen.
> Des weiteren besteht die Möglichkeit, Persönliches auf einen Zettel zu schreiben, in eine leere Dose oder in einen leeren Becher zu stecken und diesen still in die Mitte zu legen.

Nachdem Sie gemeinsam Lk 2,7 und Lk 2,12 gelesen haben, können Sie nochmals darauf verweisen, dass die Geburt Jesu im Stall deutlich macht, dass Gott in die »Bruchbude unseres Lebens« kommt. Falls die Gruppensituation es zulässt, können aus dem Müll Sterne gebastelt und als Erinnerung an diese befreiende Botschaft an den Weihnachtsbaum der Gemeinde gehängt oder mit nach Hause gegeben werden (Strohsterne hatten ursprünglich wohl eine ähnliche Funktion).

Alternative

Alternativ können Sie aber auch in Kleingruppenarbeit Collagen herstellen lassen. Hierzu geben Sie einer jeden Kleingruppe eine vergrößerte Farbfotokopie eines traditionellen Krippenbildes und mehrere aktuelle Zeitungen und Zeitschriften. Bitten Sie nun die Teilnehmer, hieraus ein »aktuelles Krippenbild« zu erstellen. Nach der Vorstellung der Collagen könnte die Gruppe einen sozialen Brennpunkt der Stadt besuchen (Caritas, Sozialdienst kath. Frauen, Hospiz, »Tafel« usw.).

Infos

KINDHEITSERZÄHLUNG NACH LUKAS

Lukas übernimmt – ähnlich wie Matthäus – die antike Tradition, die Geschichte eines bedeutsamen Menschen mit zukunftsweisenden Herkunftsangaben zu verbinden. Dabei greift Lukas auf bekannte biblische Erzählmotive zurück, zum Beispiel:

> Kinderlosigkeit jahwegläubiger Eltern (Gen 17,17; 18,11)
> Unfruchtbarkeit der Frau (Gen 25,21)
> Verheißung der Geburt eines Sohnes und Ankündigung der Bedeutung des Kindes sowie Namensgebung (Gen 21,16–19; 22,1–14).

Die ursprünglich zusammenhängende Kindheitsgeschichte Johannes des Täufers – die Vorlage kann aus Jüngerkreisen um Johannes stammen – wird durch die Verkündigung der Geburt Jesu und die anschließende Erzählung unterbrochen:

Verheißung der
Geburt des Johannes
(Lk 1,5–25)

Verheißung der
Geburt Jesu
(Lk 1,26–28)

Begegnung der Mütter
(Lk 1,39–56)

Geburt des Johannes
(Lk 1,57–58)

Geburt Jesu
(Lk 2,1–10)

Beschneidung und Namensgebung des Johannes
(Lk 1,59–80)

Beschneidung und
Namensgebung Jesu
(Lk 2,21–40)

Der Zwölfjährige
im Tempel
(Lk 2,41–52)

In dieser Parallelisierung zeigt Lukas sein schriftstellerisches Können. Er greift auf die Johannes-Geschichte zurück, um deutlich zu machen, dass er in Johannes einen Wegbereiter Jesu sieht und dass Jesus den Täufer überragt (überbietende Parallelisierung). Die Erzählung über die Geburt Jesu (Lk 2,1–10) ist kein historischer Bericht. Die älteste christliche Tradition hatte kein Interesse an historischer Darstellung von Geburt und Kindheit. Vielmehr will Lukas mit der Erzählung die Bedeutung Jesu übermitteln

Zunächst stellt Lukas die Geburt Jesu in einen weltgeschichtlichen Zusammenhang: Er nimmt Bezug auf Kaiser Gaius Julius Caesar Octavianus. Lukas nennt ihn mit seinem Ehrentitel »Augustus«, das heißt »der Überragende«. Ihm steht Jesus, der Unscheinbare, gegenüber.

Der vom Kaiser ergangene Befehl, Steuern zu zahlen, wird von den Historikern kritisch beurteilt. Ein solcher Zensus ist erst für das Jahr 7 n. Chr. unter dem Statthalter Quirinius bekannt. Lukas scheint dieses Datum zurückdatiert zu haben, um ein Motiv für die Reise Marias und Josefs nach Bethlehem zu haben. Wenn Jesus in Bethlehem, der Davidstadt, geboren wird, so wird dadurch seine messianische Bedeutung gezeigt. In Vers 7 wird dann die Geburt Jesu in schlichten, knappen Worten konstatiert. Auffallend ist allein die Futterkrippe.

Die in den Versen 8–20 erzählte »Hirtengeschichte«, die Lukas bereits vorfand, führt nun den Leser an einen neuen Schauplatz mit neuen Akteuren. Die Hirten zählten im Judentum zu den verachteten Berufsständen, da sie wegen ihres Berufes die Reinheitsvorschriften nicht einhalten konnten. Ausgerechnet ihnen verkündet der »Engel des Herrn« die Geburt des Retters. Schon hier deutet Lukas an, dass nicht die Reichen und Angesehenen, sondern die Armen und Verachteten die Adressaten der Botschaft Jesu sein werden.

Die Botschaft des Engels ist Höhepunkt der Erzählung. Sie gleicht den Worten, mit welchen in der antiken Welt der Geburtstag des Kaisers gefeiert wurde. Diese Botschaft endet mit dem Hinweis auf das Zeichen des Messias: »Ein Kind, das in Windeln gewickelt in einer Krippe liegt«! Hier zeigt sich das Paradoxon der christlichen Botschaft: Gottes Herrlichkeit erstrahlt nicht in Macht, sondern in Ohnmacht, in der hilflosen Schwäche eines Menschenkindes.(39)

WEIHNACHTSKRIPPE

Das deutsche Wort Krippe bedeutet von seinem indogermanischen Ursprung her so viel wie »geflochtener Futtertrog«. Da im Westen Futtertröge immer in einem Stall oder unter einem Schutzdach standen, wird hier die Geburt Jesu in einem Stall angenommen. Im Orient dagegen suchen Hirten mit ihren Herden bei unwirtlichem Wetter Schutz in Höhlen. Von daher geht die Kirche des Ostens davon aus, dass Jesus in einer Höhle zur Welt kam. Der bedeutende Theologe und Kirchenschriftsteller Origenes (185–254), der in Alexandrien und in Palästina lebte, berichtet von der frei zugänglichen und allgemein bekannten Höhle und Krippe bei Bethlehem, in der Jesus geboren wurde und gelegen habe. Über dieser lässt Kaiserin Helena, die Mutter Kaiser Konstantins, im Jahr 335 die bis heute erhaltene Geburtskirche in Bethlehem bauen.

Ein Jahr später wird in Rom das erste Weihnachtsfest am 25. Dezember gefeiert. Papst Liborius lässt einige Jahre später in Rom eine Basilika mit einer Krippenkapelle errichten, an deren Stelle im Jahr 420 die römische Basilika Santa Maria Maggiore geweiht wird, wo bis heute Holzteile verehrt werden, die von der Krippe Jesu stammen sollen. Hier wird auch in den Weihnachtstagen die erste nachgebaute Krippe mit einem Kind aufgestellt, das in Windeln gewickelt ist. In den Darstellungen dieser Zeit liegt Maria neben der Krippe auf einem Ruhelager, ergänzt durch einige Engel und einen nachdenklichen Josef.

Seit dem 8./9. Jahrhundert tauchen in Darstellungen vermehrt Ochs und Esel auf, die im Neuen Testament nicht genannt werden. Alte christliche Texte, die nicht in das Neue Testament aufgenommen wurden, wie z. B. das apokryphe Pseudo-Evangelium des Matthäus, beziehen Jesaja 1,3 (»Der Ochse kennt seinen Besitzer und der Esel die Krippe seines Herrn; Israel aber hat keine Erkenntnis, mein Volk hat keine Einsicht.«) auf die Geburt Jesu. Die Kirchenväter deuten sie symbolisch als für die ganze Menschheit stehend: der Ochs für das Judentum, der Esel für die Heiden. Von hierher finden sich vereinzelt schon im 4. Jahrhundert erste Krippendarstellungen mit Ochs und Esel und dem gewickelten Jesus-Kind.

Maria spielt in den Darstellungen der Geburt Jesu bis zum Jahr 431, wo sie auf dem Konzil von Ephesus zur Gottesgebärerin erhoben wird, eine nebensächliche Rolle. Erst jetzt rückt Maria mit dem Kind ins Zentrum der Darstellungen. Im Osten wird sie auf einem Ruhebett liegend gezeigt. Oft wird sie als verehrungswürdige, edle Himmelskönigin abgebildet, die einen blauen Mantel trägt. Besondere Bedeutung für die Mariendarstellungen im Westen haben die Visionen der hl. Birgitta von Schweden (1303–1373), nach denen Maria das Wochenbett erspart bleibt und sie schmerzfrei Jesus zur Welt bringt. Dabei kniet sie bei der Geburt. So wird sie dann im Westen seit dieser Zeit vornehmlich dargestellt.

Josef wird bis ins 4. Jahrhundert nicht abgebildet, ansonsten bleibt er der Mann am Rande: immer kleiner in seinen Körpermaßen als Maria, alt, nachdenkend oder schlafend, helfende Tätigkeiten am Rande ausführend.

Im Lauf der Geschichte erhöht sich die Zahl der zur Krippe eilenden bzw. an der Krippe verweilenden Hirten. Zunächst werden nur ein oder zwei Hirten dargestellt. Erst in späteren Darstellungen tragen sie Geschenke zum Kind oder spielen Hirten-Instrumente.

Wie die Hirten sind die Engel im Evangelium genannt. Sie bringen den Hirten die frohe Botschaft. Dargestellt werden sie als ernst zu nehmende Wesen mit Flügeln, die die göttliche Dimension dieses Geschehens verstärken und als Mittler zwischen Gott und den Menschen auftreten. Oft werden sie mit individuellen Zügen dargestellt. Etwa ab dem 15. Jahrhundert verändern sich die Engeldarstellungen: Die Engel werden zu niedlichen Kinderengeln.

Die Magier erhalten ihre Dreizahl nach der Zahl der drei Geschenke. Schon sehr früh werden sie in persischer Hoftracht als astrologisch gebildete Vertreter einer Priesterkaste aufgeführt, in der Regel immer gleich alt dargestellt. Etwa ab dem 6. Jahrhundert werden sie symbolisch auf die drei Lebensalter Jüngling, Mann und Greis hin interpretiert und in kostbaren Kleidern gezeigt. Im späten Mittelalter stehen sie in Mitteleuropa für die drei damals bekannten Kontinente: Europa, Asien und Afrika. Von daher hat ab dem 15. Jahrhundert einer der drei Magier eine schwarze Hautfarbe.

In Geburtsdarstellungen ab dem 5. Jahrhundert tauchen manchmal zwei andere Frauen auf, zum einen eine Hebamme als schmückendes Beiwerk und Zeugin der Geburt, zum anderen Salome, die an der jungfräulichen Geburt zweifelt und mittels eines Wunders zum Glauben kommt.

Es verwundert nicht, dass die Menschen die »Geheimnisse ihres Glaubens« veranschaulichen, nachvollziehbar und begreifbar machen wollen. Mit Hilfe dieser Identifikationen erschließen sich die existenziellen Gehalte biblischer Erzählungen noch einmal neu und werden vergegenwärtigt. Aus dem 9. Jahrhundert sind erste Krippenspiele in lateinischer Sprache überliefert, die während der Liturgie in der Kirche aufgeführt wurden. Große Bekanntheit erfuhr das Weihnachtsspiel in der Carmina Burana aus dem 12./13. Jahrhundert. Franz von Assisi (1181/82–1226) verlegt das heilige Geschehen aus der Kirche, baut als Erster eine Krippe in einem »echten Stall« auf und inszeniert eine neuartige Krippenfeier: Lebendige »Ochs und Esel« stehen hinter einer Krippe mit Heu. Das markiert den Beginn der figürlichen Darstellung der Weihnachtsgeschichte. In vielen europäischen Ländern entsteht die Kunst, Krippen herzustellen, sie in aktuelle Landschaften hineinzustellen und die Figuren entsprechend dem Verlauf der Weihnachtsgeschichte dramaturgisch mehrfach umzustellen bzw. neue hinzuzufügen. Im 14./15. Jahrhundert entstehen erste Weihnachtsspiele in deutscher Sprache. Im Barock werden die Krippenspiele und Krippendarstellungen durch die Jesuiten als Instrument der Gegenreformation in den katholischen Ländern Europas und in den Missionsgebieten in anderen Kontinenten eingesetzt. Diese Förderung strahlt bis in den orthodoxen Raum aus. Im 18. Jahrhundert versucht man sie in katholischen Gebieten zu verbieten, allerdings mit nur mäßigem Erfolg. So wird 1802 das Aufstellen von Krippen in Bayern verboten, allerdings nach einigen Jahrzehnten wieder erlaubt.

In der Mitte des 19. Jahrhunderts gehört die Krippe zur Weihnachtsgestaltung in einer katholischen Familie fest dazu. Nur sehr zögerlich wird sie als »katholisches Symbol« in evangelische Familien eingeführt. Erst ab Mitte des 20. Jahrhunderts werden in evangelischen Kirchen Krippen aufgestellt.[(40)]

Material

WEIHNACHTSLIED

Eine Streu von Stroh
Eine Wand von Wind
Eine Woge als Wiege
Ein Kind

Ein Schwamm voller Essig
Eine Kammer voll Gas
Eine Waage am Wege
Eine Grube im Gras

Eine Gasse voll Dirnen
Eine Gosse voll Wut
Eine Stirne voll Dornen
Eine Mutter voll Blut

Eine Streu von Stroh
Eine Wand von Wind
Eine Woge als Wiege
Ein Kind

(Erich Fried)

DEN DURST STILLEN

Was
soll ich euch schenken
außer den Lichtblumen
und Trauerblättern
meiner Worte

Ich gehöre meinen Worten
die euch gehören

ROSE AUSLÄNDER

Gedanken und Erfahrungen

Als junges, kinderloses Ehepaar suchten wir bewusst dem jährlichen »Geschenkterror« zu entgehen und verzichteten aus Protest gegen die Kommerzialisierung des Weihnachtsfestes auf Geschenke. Der Heilige Abend kam. Wir gestalteten ihn mit Texten, Liedern und dem Gang zur Mette. Und doch – so stellten wir übereinstimmend am Morgen des ersten Weihnachtsfeiertages fest – fehlte etwas. Anscheinend hatten wir das Ritual des Schenkens und Beschenkt-Werdens unterschätzt.

Trotz so mancher Fehlformen in unserer Wohlstandsgesellschaft scheint das Schenken doch seinen Sinn und seine Berechtigung zu haben. Im Schenken zeigen wir, dass wir selbst von Gott Beschenkte sind.

Neben dieser theologischen Begründung hat das Schenken aber auch eine anthropologische. Es ist Bedürfnis der Liebe: Wir wollen den Durst derer, die wir lieben, stillen – den Durst nach Liebe, nach Geborgenheit, nach Anerkennung.

Das deutsche Wort »schenken« lässt noch etwas von diesem tiefen menschlichen Bedürfnis erkennen: »Schenken« heißt ursprünglich »den Durst stillen«. Die Worte »Mundschenk« und »einschenken« machen noch etwas von diesem ursprünglichen Wortsinn deutlich. Wenn wir zu Weihnachten schenken, so steckt darin das Verlangen, den Durst des anderen zu stillen. Dies ist nicht immer leicht. Geraten wir doch oft an unsere Grenzen, da wir anderen trotz unserer Liebe immer auch etwas schuldig bleiben und ihre Sehnsucht nach Anerkennung, Trost und Geborgenheit in uns nie ans Ziel kommt.

Vielleicht ist hierin der tiefere Grund zu sehen, dass wir mit immer mehr Geschenken diesen Mangel auszugleichen versuchen – wenn auch vergeblich. Kann doch nur Gott allein unseren Lebensdurst stillen.

In anrührender Weise hat Johannes im vierten Kapitel seines Evangeliums von diesem unendlichen Durst erzählt (Joh 4,1–26): In der Begegnung mit einer Frau aus Samaria werden die Leser mit dem Durst nach Leben und Liebe konfrontiert. Wie die Frau am Jakobsbrunnen, so gehen auch wir Tag für Tag zum »Brunnen«, um unseren Durst nach Anerkennung und Sicherheit zu stillen. Wir schöpfen Geld, Macht und Prestige und merken doch, dass unser Durst nicht aufhört, ja dass wir immer durstiger zu werden scheinen, je mehr wir vom »Wasser der Macht, des Ruhmes und des Reichtums« trinken.

Von einem ganz anderen Wasser spricht Jesus: Er erzählt vom »Wasser des Lebens«, das nicht den schalen Nachgeschmack des »immer mehr« hinterlässt. Er sagt, dass unser Durst nach Leben dann gestillt wird, wenn wir annehmen können, dass wir von Gott geliebt sind vor aller Leistung. Dies ist wohl das größte Geschenk, das uns an Weihnachten gegeben wird: dass wir empfangene Liebe weiterschenken dürfen, jedoch im Bewusstsein unserer eigenen Grenzen.

Impulse

> An welche »Geschenk-Traditionen« unserer Familie kann ich mich erinnern?
> Mein schönstes Geschenk ...
> Meine tiefste Sehnsucht ...

Ins Gespräch kommen

MATERIAL

- Für die Mitte: leere Schachteln unterschiedlicher Größe in Goldpapier mit Schleifen verpackt (Geschenke)
- Folienstifte
- Bild von Sieger Köder »Die Frau am Jakobsbrunnen« (siehe Seite 89), als Postkarte erhältlich beim Schwabenverlag, 73745 Ostfildern
- Joh 4,1–26 oder »Die Frau am Jakobsbrunnen« als narrativ gedeuteter Text (siehe Seite 166)
- Evtl. Din A3-Papier für jeden Teilnehmer und Aquarellstifte
- Evtl. Legematerialien (z. B. von Kett)
- Evtl. Taizélied »In dunkler Nacht wollen wir ziehen« (aus: »Neue Gesänge aus Taizé«) und Tanzanleitung (siehe Seite 168)

GRUPPENGRÖẞE ca. 15 Personen

ZEIT ca. 1–1,5 Stunden

VERLAUF

Gestalten Sie die Mitte des Sitzkreises mit vielen, schönen Geschenken (= leere Schachteln, mit Goldfolie verpackt, um das Schreiben mit Filzstiften zu ermöglichen). Verweisen Sie zunächst kurz auf die unterschiedlichen Geschenktraditionen (siehe Seite 163f.) und bitten Sie dann die Teilnehmer, von ihren »Geschenktraditionen« zu erzählen.

In einem weiteren Schritt bitten Sie die Teilnehmer, sich ein »Päckchen« aus der Mitte zu nehmen. Arbeitsanweisung:

> Wir haben bisher viel vom Schenken und Beschenken gesprochen. Nehmen Sie nun bitte aus der Mitte ein Päckchen und schreiben Sie Ihr schönstes Geschenk auf. Wenn Sie den anderen davon erzählen möchten, können Sie es vorlesen, bevor Sie das Päckchen wieder in die Mitte legen. Wenn Sie dies nicht möchten, legen Sie das Päckchen einfach ruhig in die Mitte.

Nach der Vorstellungsrunde erläutern Sie kurz den ursprünglichen Wortsinn von »Schenken« (siehe Seite 160) und erzählen dann von der Frau am Jakobsbrunnen (siehe Seite 165) oder lesen gemeinsam den biblischen Text Joh 4,1–26. Als mögliche Gesprächsimpulse sind denkbar:

> Geben Sie dem Durst der Frau Namen (»Durst nach ...«).

> Was will das Bild vom »Weg zum Brunnen« sagen?

> Was meint Jesus, wenn er vom »lebendigen Wasser« spricht?

Zur Vertiefung kann nun das Bild von Sieger Köder (siehe Seite 89) betrachtet werden:

> Was sehen Sie? (Bildbeschreibung)

> Was fällt Ihnen besonders auf? (Fokussieren)

> Was gefällt oder missfällt Ihnen? (Wertung)

> Wie würden Sie das Bild deuten?

Zum Abschluss sind mehrere Wege denkbar:

> Die Teilnehmer könnten mit Legematerialien (z. B. Kett-Materialien) ihren Weg zum Brunnen legen und den Fragen nachgehen: Wo steht mein Brunnen? Was lässt mich zum Brunnen gehen? Wonach dürstet mich? Auf welche Weise versuche ich, meinen Lebensdurst zu stillen?

> Die Teilnehmer können alternativ zu diesen Fragen aber auch mit Aquarellfarben ein Bild zum Thema »Mein Weg zum Brunnen« malen. Sie können sich nach einer angemessenen Phase der Stillarbeit aus der Gruppe einen Gesprächspartner suchen und über ihre Bilder sprechen.
> Eine weitere Möglichkeit ist, mit den Teilnehmern zum Abschluss das Taizélied »In dunkler Nacht wollen wir ziehen« zu tanzen (siehe Seite 168).

Infos

GESCHENKE

Schenken ist nicht einfach in einer Welt, in der die zu Beschenkenden »schon alles zu haben scheinen«. Soll man etwas »Praktisches« schenken oder etwas, was die Person eigentlich nicht »braucht« und worüber sie sich möglicherweise besonders freut? Unsere konsumorientierte Warenwirtschaft ist darauf angelegt, auch über Geschenkrituale Bedürfnisse zu wecken und die Konsumenten zum Kaufen zu verlocken. Die Wünsche entsprechen oft dem, was der Handel anbietet und vorher medial beworben hat. Manchmal »arbeiten« die Schenkenden nur noch die Wunschliste ab und besorgen die Artikel unter Zeitdruck.

Vor dem Hintergrund einer Konsum- und Wegwerfgesellschaft scheint der alte Sinn des Schenkens verloren gegangen zu sein. Schenken ist nach alter Auffassung eine Form der »Selbstmitteilung«, wo ich etwas von mir gebe, mich dem anderen verfügbar mache und eins mit ihm werde (vgl. das Gedicht von Rose Ausländer Seite 159). Die Person wird in Einheit gesehen mit ihrem Besitz. Ihr Besitz besetzt sie, ist ein Teil von ihr und in der Geste des Schenkens gibt sie etwas davon weiter. Der Beschenkte hat mit der Annahme des Geschenkes sogar Macht über sie. Von daher spiegeln die Geschenke immer eine Beziehung wieder, die individuell und sinnlich erfahrbar sein will und im Schenken den äußeren Ausdruck der inneren Beziehung sucht. Schenken setzt so immer das Sich-Hineinversetzen in den anderen voraus.

Geschenke überragen den Alltag und wollen »den Himmel« vorwegnehmen. In den Süßigkeiten ist das Paradies bereits zu schmecken, in der glänzenden und glitzernden Verpackung ist der Himmel bereits auf der Erde angekommen. Das Geschenk ist so Zeichen für die Zuwendung Gottes, der seine Sonne aufgehen lässt über Bösen und Guten und regnen lässt über Gerechte und Ungerechte (Mt 5,45).

Der ursprüngliche Kinderbeschenktag ist der 28. Dezember, der Tag des Festes der unschuldigen Kinder. Mit wachsender Verehrung des heiligen Nikolaus im Westen wird dieser ab dem 13. Jahrhundert immer mehr zum Gabenbringer. Mehrere Legenden schildern ihn als Schenkenden in Not und in Lebensgefahr, wo er zum Leben verhilft, ja sogar Menschen dem Tod entreißt. Im 14. Jahrhundert hat sich der 6. Dezember, der Gedenktag des heiligen Nikolaus, allgemein als Geschenktag für die Kinder durchgesetzt. In manchen Gegenden allerdings nur für die Jungen, während die Mädchen am 12. Dezember, dem Tag der heiligen Luzia, beschenkt werden.

Die Reformation versucht die Heiligenverehrung und damit den heiligen Nikolaus als Gabenbringer zurückzudrängen. Deshalb führt Martin Luther den »Heiligen Christ« bzw. die Kunstfigur des »Christkindes« ein, das fortan am 24. Dezember die Gaben bringt. In den evangelisch-lutherischen Gebieten setzt sich das durch, jedoch nicht in den evangelisch-reformierten Gegenden der Niederlande. Hier wird bis heute am 6. Dezember als Geschenktermin (Fest des Santa Claas) festgehalten. Von den Niederlanden gelangt dieser Brauch im 19. Jahrhundert nach Nordamerika, mutiert dort in der 1. Hälfte des 20. Jahrhunderts zu »Father Christmas« und wird in der 2. Hälfte des 20. Jahrhunderts als rot-weiß gekleideter Coca-Cola-Weihnachtsmann nach Europa reimportiert.

In den katholischen Gebieten hält sich der eigentliche Geschenktermin 6. Dezember bis ca. um 1900, bis sich allgemein der 24. Dezember durchsetzt. Die Konsumgüter- und Süßwarenindustrie hat inzwischen als säkularisierte, eventmäßig gestaltete Geschenktage den 11. November (Martin), 6. Dezember (Nikolaus), 24. Dezember (Heiliger Abend) und 6. Januar (Heilige Drei Könige), 14. Februar (Valentin) und nicht zu vergessen den Osterhasen als Gabenbringer fest im Kalender.[41]

JOHANNES 4,1–26: DIE FRAU AM JAKOBSBRUNNEN

Auf dem Weg von Galiläa zum Tempel in Jerusalem gelangt Jesus nach Sychar, eine Ortschaft in Samarien, deren Bewohner seit Jahrhunderten mit den Juden aus religiösen Gründen verfeindet waren. Auf dem Berg Garizim hatten die Samariter einen eigenen Tempel errichtet, der jedoch im Jahr 128 v. Chr. vom Jerusalemer Hohenpriester Johannes Hyrkanos zerstört worden war. Zwischen Juden und Samaritanern bestand keinerlei Kontakt, er war sogar verboten. Unweit Sychars befindet sich der bis heute erhaltene 32 m tiefe »Jakobsbrunnen«. Dieser wurde so genannt, weil einst Israels Stammvater Jakob in der Nähe ein Grundstück erworben hatte. Der Brunnen führt frisches Quellwasser, das damals mit ledernen Schöpfgeräten hochgeholt wurde. An diesem Ort findet die Begegnung Jesu mit der Frau aus Sychar statt.

Charakteristisch für das Gespräch zwischen Jesus und der samaritischen Frau ist ein Missverständnis, das einem tiefen Verstehen weicht.

Zunächst bittet Jesus die Frau um Wasser. Diese weist die Bitte als ungehörig zurück. Darf denn ein Jude eine Samariterin ansprechen, ein Mann eine Frau? Und auch das Gespräch um das Wasser zeigt, dass beide zunächst auf unterschiedlichen Ebenen miteinander kommunizieren. Für Menschen, die in den wasserarmen Wüstengebieten zu Hause sind, ist das Quellwasser das Symbol des Lebens schlechthin. So wird Gott selbst »Quell lebendigen Wassers« (Jer 2, 13) genannt, das den Durst nach Sinn stillt. Sieht Jesus im Durst ein Symbol für den Lebensdurst des Menschen und im Wasser ein Symbol für die Liebe Gottes, so verweilt die Frau noch ganz auf der realistischen Ebene (Joh 4,11). Erst im Laufe des Gesprächs wird der Frau bewusst, dass Jesus von einem anderen Wasser und von einem anderen Durst spricht.

In der Begegnung mit Jesus erfährt die Frau etwas von diesem »lebendigen Wasser«, von der Liebe Gottes. Diese Erfahrung verwandelt die Frau. Sie wird fähig, andere Menschen zur Quelle zu führen.

Jesus öffnet der Frau Herz und Augen, führt sie zur Wahrheit ihres Lebens und verletzt sie dabei nicht. Er versöhnt sie mit ihrer Vergangenheit und eröffnet ihr einen neuen Zugang zu Gott. »Der ganze lebenslang ungestillte Durst dieser Frau nach wirklichem, erfülltem Leben« wird gestillt (U. Wilckens). Die Gegensätze zwischen Samaritern und Juden sind nicht mehr wichtig. In Jesus ist der Gott der Liebe, die Quelle des Lebens, erfahrbar. In Vers 26 gibt sich Jesus dann als Messias zu erkennen. Er ist der Weg, die Wahrheit und das Leben. [42]

»DIE FRAU AM JAKOBSBRUNNEN« VON SIEGER KÖDER

Sieger Köder hält den Augenblick fest, als die Frau am Jakobsbrunnen über den Rand in den Brunnen sieht. In der Tiefe des Brunnens (Bild für ihre Seele) spiegelt sich ihre Erfahrung mit Jesus. Sie, die voller Sehnsucht nach Annahme und Geborgenheit ist, begegnet dem Blick Jesu, der ihr die Zuneigung schenkt, die sie von ihren fünf Männern nicht erfahren durfte. In dieser Begegnung erlebt sie bedingungslose Zuwendung, ohne alle Hintergedanken. In diesem Augenblick erlebt diese Frau eine Wandlung. Der lange Weg des Suchens ist an sein Ziel gelangt.

Etwas anderes scheint bemerkenswert: Während am Brunnenrand die Frau, deren Gesicht sich auf der Wasseroberfläche spiegelt, sichtbar ist, fehlt das Gesicht Jesu, das sich zwar im Wasser spiegelt, nicht aber am Brunnenrand erscheint. Vielmehr ist dort, wo der Betrachter die Gestalt Jesu vermutet, der Blick zum Himmel, der Blick hin zu Gott freigegeben. Sieger Köder hat hier ins Bild gesetzt: Im liebenden Blick Jesu spiegelt sich die Liebe Gottes, die allen Durst unseres Lebens stillt.

Material

DIE FRAU AM JAKOBSBRUNNEN – DURST NACH LEBEN

In sengender Mittagshitze, den Wasserkrug auf dem Kopf, so geht sie zum Brunnen, um Wasser zu schöpfen: die Frau aus Sychar in Samarien.

Sicher – die frühen Morgen- und Abendstunden wären angenehmer, doch scheut sie die anderen Frauen des Dorfes, ihr Gerede, ihre abfälligen Blicke. Lieber der Hitze des Mittags ausgesetzt sein als den Menschen.

Menschenleer ist es um diese Zeit am Brunnen. Doch heute sitzt im Schatten eines alten Olivenbaumes ein Fremder, ein Jude. Er spricht sie an, bittet sie um etwas zu trinken.

Ob ihr die Hitze zu Kopf gestiegen ist? Wie ist es möglich, dass ein Mann eine Frau in der Öffentlichkeit anspricht? Wie ist es möglich, dass ein Jude eine Frau aus dem verachteten Volksstamm der Samariter beachtet?

Doch Durst haben wohl alle – ob Mann oder Frau, ob Jude oder Samariter. Hier in der Mittagshitze sehnen sich alle nach frischem Quellwasser, das den Durst stillt.

Doch dann spricht der seltsame Fremde von Wasser, das den Durst für immer zu stillen vermag.

Nicht mehr den mühsamen Weg zum Brunnen gehen, nicht mehr Wasser aus der Tiefe schöpfen müssen – welch ein Leben wäre das!

Doch der Fremde scheint etwas anderes zu meinen. Er spricht von einem anderen Durst, vom Durst nach Anerkennung, nach Liebe, nach Geborgenheit.

Wer von uns kennt nicht diesen Durst nach einem Leben, in dem Visionen wahr und Wunden geheilt werden, in dem der Tod ein Fremdwort ist.

Wer von uns kennt nicht den Durst nach Liebe und Geborgenheit, die Sehnsucht, angenommen zu sein, eine Heimat zu haben, zu Hause angekommen zu sein.

Diesen Durst kennt auch die Frau am Jakobsbrunnen. Sie weiß um die Augenblicke, in denen sie glaubte, das Glück gefunden zu haben, und kennt die Stunden der Enttäuschung, weil das Leben nicht hielt, was es versprach. Fünf Männer hat sie schon geliebt, fünfmal die Hoffnung auf Erfüllung und fünfmal die Enttäuschung. Und auch ihr jetziger Mann ist nicht ihr Mann, ist nicht Heimat, nicht Zuhause.

Er bleibt wohl immer, der Durst nach Anerkennung, nach Liebe, nach Geborgenheit. Es bleibt wohl immer der endlos lange, mühsame Weg zum Brunnen – mit irdenen Gefäßen.

Heute haben diese »irdenen Gefäße« vielleicht einen anderen Namen: Leistung, Erfolg, Schönheit ... Doch die Erfahrungen sind die gleichen. Heute wie damals merken wir, wie brüchig diese Gefäße sind. Heute wie damals müssen wir erfahren, dass wir unsere unendliche Sehnsucht nicht mit Endlichem stillen können.

Wer aber kann unseren unendlichen Durst stillen, wenn nicht der Unendliche, wenn nicht Gott?

In der Begegnung mit dem Fremden am Brunnen erfährt die Frau aus Sychar, dass sie angenommen war, noch ehe ihre Mutter sie in ihren Armen hielt, dass sie ein Zuhause hat, auch wenn sie ihr Haus aus Stein und Holz verlassen muss, dass es Wasser gibt, das ihren Durst nach Leben stillt.

Das muss sie den anderen erzählen. Sie läuft den Weg zurück ins Dorf. Den Wasserkrug lässt sie am Brunnen stehen. Er ist nicht mehr so wichtig.

TANZANLEITUNG »IN DUNKLER NACHT.«

Musik: »Neue Gesänge aus Taizé«

Ausgangsposition: im Kreis unangefasst, zur Mitte sehen.
Der Text kann einmal gehört werden, bevor mit dem Tanzen begonnen wird.

1. »In dunkler Nacht wollen wir ziehen«
   Mit dem rechten Fuß einen Schritt aus dem Kreis herausdrehen, Gewicht auf rechts verlagern. Dabei das Gesicht in den Händen bergen.

2. »Lebendiges Wasser finden«
   Mit rechts wieder einen Schritt in die Mitte zurück, leicht in die Knie gehen und mit beiden Händen Wasser schöpfen.

3. »Nichts als der Durst wird uns leuchten«
   Anfassen und vier Schritte in Tanzrichtung gehen.

4. »Nichts als der Durst wird uns leuchten«
   Gefasst zur Mitte sehen und vier Schritte wiegen (d. h. wieg rechts – wieg links – wieg rechts –wieg links).

Punkt 1–4 wiederholen.

MIT UNSEREM REICHTUM, UNSERER SEHNSUCHT, UNSEREN WUNDEN

Ich steh an deiner Krippe hier,
o Jesu, du mein Leben.
Ich komme, bring und schenke dir,
was du mir hast gegeben.«

PAUL GERHARDT

Gedanken und Erfahrungen

Als sie den Stern sahen, wurden sie von sehr großer Freude erfüllt. Sie gingen in das Haus und sahen das Kind und Maria, seine Mutter; da fielen sie nieder und huldigten ihm. Dann holten sie ihre Schätze hervor und brachten ihm Gold, Weihrauch und Myrrhe als Gaben dar.« (Mt 2,10 f.)

Immer wieder hat diese Szene, in welcher davon erzählt wird, wie die Sternsucher ihre Gaben bringen, Künstler inspiriert, ein Bild zu malen, und Theologen veranlasst, die Gaben der Magier zu deuten.

Im 2. Jahrhundert sieht Irenäus von Lyon im Gold die Königswürde des Kindes, im Weihrauch seine Gottheit, in der Myrrhe seinen Tod vorweggenommen. Karl Rahner deutet die Gaben anthropologisch: Er sieht in den Magiern mit ihren Gaben den Menschen, der mit seiner Liebe, seiner Sehnsucht und seinen Schmerzen an die Krippe tritt.[43]

Gold hat auf die Menschen schon immer eine Faszination ausgeübt. Gold gebührte früher den Königen und Göttern. Das Gold der Weisen symbolisiert so den Reichtum und die Würde des Menschen. Matthäus will durch die Gabe des Goldes sagen, dass wir mit all dem Reichtum unserer Seele an der Krippe einen Platz haben. Wenn die Sterndeuter diesen ihren Reichtum an die Krippe legen, so kann darin auch eine Symbolhandlung gesehen werden. Hier begegnen wir Menschen, die ihren Reichtum nicht wie ein Reklameschild vor sich hertragen, d. h. nutzen, um ihr Prestige zu heben. Vielmehr schenken sie ihn dem Kind.

Wenn ich mit den Magiern den Reichtum meiner Seele an die Krippe lege, so wird dadurch deutlich, dass ich als Mensch weiß, dass ich meine Fähigkeiten und Talente von Gott geschenkt bekam und ich sie nicht mir selbst verdanke. Im Niederlegen meines Reichtums vor der Krippe zeige ich, dass ich meine Gaben in den Dienst dieses Kindes stellen will. Nicht Ruhm und Anerkennung sind so primäres Ziel meines Handelns, vielmehr gebe ich das zurück, was mir gegeben wurde. Ich gebe es dem zurück, der die Liebe ist. So wird immer die Liebe auch der Maßstab dafür sein, wie ich mit dem Reichtum meiner Seele umgehe. Paul Gerhardt hat dies in seinem anrührenden Lied ausgedrückt:

Ich steh an deiner Krippe hier,
o Jesus, du mein Leben.
Ich komme, bring und schenke dir,
was du mir hast gegeben.
Nimm hin, es ist mein Geist und Sinn,
Herz, Seel und Mut, nimm alles hin
und lass dir's wohl gefallen.
(Paul Gerhardt)

Als zweite Gabe nennt Matthäus den **Weihrauch**. Weihrauch wurde und wird in vielen Kulturen als Duftmittel verwendet. Er wird aus dem Harz von Bäumen gewonnen und verbreitet beim Verbrennen einen angenehmen Duft. Der zum Himmel aufsteigende Weihrauch ist Bild für die Sehnsucht des Menschen. Unsere Sehnsucht übersteigt das Alltägliche und lässt uns etwas ahnen vom Geheimnis Gottes. Sie ist es, die unser Herz bewegt, die uns eine Heimat suchen lässt, die mehr ist als »ein Zelt am Pilgerweg«. (Karl Rahner)

Als dritte Gabe bringen die Sterndeuter **Myrrhe**. Myrrhe, ein Bitterkraut, symbolisiert all das Schmerzliche in unserem Leben. In diesem Geschenk halten die Weisen stellvertretend für uns die Wunden hin, die uns das Leben geschlagen hat. Ein altes Sprichwort sagt: »Die Zeit heilt alle Wunden!« Doch das Leben zeigt immer wieder, dass alte Wunden aufbrechen können, dass es in unserem Leben Wunden gibt, die eben nicht heilen, denen wir ausgeliefert sind trotz aller Seelenheilkunde. Wir denken hier zum Beispiel an Frauen, die ein Leben lang schwer daran tragen, als Kind missbraucht worden zu sein. Diese Verletzungen heilen vielleicht nie. Aber wir können – wie die Sternsucher – unsere Verwundungen Gott hinhalten und hoffen, dass er sie verwandelt. Diese Hoffnung auf Heilung ist im Symbol der Myrrhe mitgegeben. Myrrhe ist nicht nur ein Bitterkraut. Sie war für die Alten auch ein Heilmittel. Myrrhe heilte Wunden. In der Myrrhe werden wir dann zwar mit den Verletzungen unseres Lebens konfrontiert, aber wir werden auch an die Zusage erinnert, dass Gott diese Verletzungen verwandelt.

Wenn wir mit den Sterndeutern an die Krippe treten, so tun wir dies mit all der Sehnsucht unseres Herzens, dankbar für die Fähigkeiten, die uns geschenkt wurden, fähig, unsere Grenzen und Verwundungen anzusehen – in der Hoffnung, dass Gott uns heilt.

Impulse

> Wohin geht meine Sehnsucht?
> Welche Fähigkeiten und Gaben habe ich? Worin besteht mein Reichtum?
> Wann habe ich Heilung erfahren?

Ins Gespräch kommen

MATERIAL

- Bild »Anbetung der Könige« (um 1455) von Rogier van der Weyden (siehe Seite 90); evtl. für jeden Teilnehmer als Fotokopie
- Weihrauchkohle und Weihrauch, Streichhölzer
- »Schatzkiste«, gefüllt mit Dekogoldnuggets und Goldpapier, Folienstifte
- Evtl. Lied »Ich steh an deiner Krippe hier« (GL Nr. 141, EG Nr. 37)
- Myrrhegranulat
- Für die Myrrhesalbe: Tegomuls, Sheabutter und Mandelöl für die Fettphase, destilliertes Wasser und Myrrheöl zur Herstellung einer Myrrhesalbe; große Kaffeebecher; großer Kochtopf; Kochplatte oder Herd; leere Filmdöschen als Salbenbehälter; Silber- oder Goldstift zum Beschreiben des Filmdöschens
- Meditative Musik, CD-Player
- Evtl. Psalm 23

GRUPPENGRÖẞE ca. 15 Personen

ZEIT ca. 1,5–2,5 Stunden

VERLAUF

In der Mitte des Sitzkreises können die drei Gaben der Sternsucher (Gold, Weihrauch und Myrrhe) und das Bild »Anbetung der Könige« von Rogier van der Weyden liegen. Beginnen Sie das Treffen, indem Sie Mt 2,10 f. lesen und auf die Gaben und das Bild in der Mitte hinweisen.

Betrachten Sie dann gemeinsam mit den Teilnehmern das Bild:
> Was sehen Sie? (Bildbeschreibung)
> Was fällt Ihnen besonders auf? (Fokussieren)
> Was gefällt oder missfällt Ihnen? (Wertung)
> Schließen Sie die Augen! Welches Detail sehen Sie vor Ihrem inneren Auge?
Verweisen Sie zum Abschluss der Bildbetrachtung darauf, dass die Szene, wie die drei Weisen ihre Gaben dem Kind bringen, viele Künstler animiert hat, diese ins Bild zu setzen, dass aber auch viele Theologen versuchten, die Gaben zu deuten. Hier können Sie z. B. auf Irenäus verweisen (siehe Seite 170). Erläutern Sie, dass Sie im Folgenden der Bedeutung der drei Gaben nachspüren wollen.

Zünden Sie nun Weihrauch an und ermuntern Sie die Teilnehmer, den Geruch bewusst wahrzunehmen und den aufsteigenden Rauch intensiv zu beobachten. (Vorsicht! Nicht zu viel Weihrauch verwenden!) Dann laden Sie die Teilnehmer ein, sich auf die folgende Stilleübung (siehe Seite 177) einzulassen. (Meditative Musik kann die Übung unterstützen.)

Nach der Stilleübung können die Teilnehmer kurz ihre Erfahrungen verbalisieren (bitte unbedingt auf Freiwilligkeit achten!):
> Wie ist es Ihnen ergangen?
> Ist es Ihnen leicht/schwer gefallen, sich auf die Traumreise einzustellen?

In einem weiteren Schritt soll nun die Bedeutung des Goldes erschlossen werden. Verweisen Sie darauf, dass Gold früher nur den Königen und Göttern gebührte. Erläutern Sie weiter, dass Gold aber auch im übertragenen Sinne den Reichtum unserer Seele ausdrückt.
Bitten Sie nun die Teilnehmer, auf bereitliegende Zettel aus Goldpapier das aufzuschreiben, was sie als ihre Fähigkeiten, ihr Talent, ihren Reichtum erachten. (Weisen Sie vor der Schreibaktion darauf hin, dass das Geschriebene nicht vorgelesen werden muss!)
Nachdem die Teilnehmer ihren Goldzettel beschrieben haben, zerknittern sie diesen, sodass er wie ein kleiner Goldklumpen aussieht, und legen ihn in die Mitte in die Goldkiste. Wer möchte, kann zu »seinen Schätzen« etwas sagen.
Fragen Sie die Teilnehmer, ob es ihnen schwer fiel, ihre »Schätze« zu benennen und woran dies wohl liegt.

Fragen Sie weiter, was wohl die Geste des Niederlegens der Gaben vor die Krippe bedeutet.
Falls nicht von den Teilnehmern benannt, erläutern Sie kurz den Sinn dieser Symbolhandlung (siehe Seite 170).
Zum Abschluss kann, je nach Gruppe, das Lied »Ich steh an deiner Krippe hier« (GL Nr. 141, EG Nr. 37) gesungen, gehört oder vorgelesen werden. Hier können sich einige Erläuterungen anschließen (siehe Seite 175f.).

Der letzte Schritt verlangt besonders viel Sensibilität.
Geben Sie jedem Teilnehmer einige Körner des Myrrhegranulats. Zunächst können die Teilnehmer das Granulat betrachten, fühlen, schmecken und daran riechen. Anschließend können Sie folgende Impulse geben:
> Ich fühle, rieche und schmecke die Myrrhe. (Pause)
> Sie ist hart, riecht herb und schmeckt bitter. (Pause)
> Ich denke an das, was hart, bitter in meinem Leben ist!
Geben Sie den Teilnehmern Zeit zum Nachdenken. (Falls Teilnehmer weinen – auch Tränen dürfen sein! Sie gehören zum Leben!)
Falls Teilnehmer über ihre Gedanken sprechen möchten, können Sie ihnen hier Raum geben. Es müssen aber keine Erfahrungen ausgetauscht werden.

Verweisen Sie nun auf die doppelte Bedeutung der Myrrhe (Bitterkraut und Heilmittel, siehe Seite 171). Die heilende Wirkung der Myrrhe als Hinweis auf die heilende Kraft der Botschaft Jesu steht im Mittelpunkt des letzten Schrittes.
Hierzu können Sie gemeinsam mit den Teilnehmern eine Myrrhesalbe herstellen (siehe Seite 178).
Nach der Herstellung können Sie sich im Sitzkreis treffen. Dabei können Sie auf die Stirn oder auf den Handrücken der Teilnehmer mit Myrrhesalbe ein Kreuzzeichen machen, Psalm 23 beten oder ein Segensgebet sprechen:

»Der Herr segne dich und behüte dich.
Der Herr lasse sein Angesicht über dich leuchten und sei dir gnädig.
Der Herr wende sein Angesicht dir zu und schenke dir Heil.«
(Numeri 6, 24–26)

Infos

ROGIER VAN DER WEYDEN: ANBETUNG DER KÖNIGE

Goethe saß 1814 lange vor dem Dreikönigsaltar und sagte, dass ein solches Bild mehr wert sei als alles, was er selber gemacht habe.

Das Dreikönigsbild von Rogier van der Weyden ist um das Jahr 1450 entstanden. Es ist das Mittelstück eines Flügelaltares (linker Flügel: Verkündigung an Maria; rechter Flügel: Darbringung im Tempel), welcher ursprünglich in der Kölner Kirche St. Columba stand. 1827 erwarb König Ludwig I. von Bayern den Altar für die Alte Pinakothek in München.

Das Thema »Die Heiligen Drei Könige« wird in der Kunst nördlich der Alpen verstärkt nach der »Überführung« der Dreikönigsreliquien nach Köln durch Rainald von Dassel 1164 aufgegriffen. Während zunächst das Motiv der Geschenkübergabe im Mittelpunkt der Gestaltung liegt, wandelt sich die Bildauffassung unter dem Einfluss der franziskanischen Frömmigkeit. Wichtig wird im 14. Jahrhundert die persönliche Beziehung zum Kind. Diese gestaltet Rogier van der Weyden in seinem Dreikönigsbild. Wir sehen die drei Könige, die die drei Lebensalter der Menschen verkörpern. Während der Älteste tiefste Ergriffenheit zeigt, hält der Jüngste die größte Distanz. Er scheint die Tragweite des Ereignisses noch nicht ganz nachvollziehen zu können.

Die Geschenke der Könige liegen in goldenen Gefäßen, die an die Eucharistie erinnern (Messkelche und Zimborien). Besonders bemerkenswert erscheint aber, dass van der Weyden über dem Kind auf den mittleren Pfeiler des Gebäudes ein Kreuz gemalt hat. Zum einen ein Verweis auf das Ende dieses Kindes, zum anderen theologisch sicher ein Hinweis auf das Geschenk, das Jesus mit seinem Leben und Sterben den Gläubigen macht.[44]

»ICH STEH AN DEINER KRIPPE HIER«

Der Text des Liedes »Ich steh an deiner Krippe hier« geht auf Paul Gerhardt zurück und umfasst ursprünglich 15 Strophen. In dieser Fassung ist er ein Liebesgedicht, ein Andachtslied, welches schon in den ersten Zeilen die Grundsituation entwirft: Es geht um den Einzelnen an der Krippe. Weder Maria noch Josef, Hirten oder Engel werden genannt. Lediglich der Vers »Ich komme, bring und schenke dir« verweist auf die Besucher aus dem Morgenland.

Johann Sebastian Bach hat im VI. Teil seines Weihnachtsoratoriums dann auch unmittelbar auf diese Strophe den biblischen Bericht von den Weisen aus dem Morgenland folgen lassen.

Das Lied gehört zu der für Paul Gerhardt und viele seiner Zeitgenossen typischen Form des Andachtsliedes, welches in der häuslichen Feier wie in der Meditation des Einzelnen seinen Ort hatte. Der Grundton des Originaltextes ist geprägt durch eine große Zärtlichkeit (vgl. die vielen Diminutiva, z. B. »Jesulein«, »Herzelein«, »Mündlein«, »Brüderlein«). Weiter ist die mystische Sprache des Liedes durch Sinnlichkeit und Bildhaftigkeit geprägt: Erkenntnis bedeutet in diesem Bereich nicht nur geistig-seelisches Erleben, sondern auch Erfahrung der Leiblichkeit (vgl. Strophe 3 und 4 der heutigen ökumenischen Fassung). Das ganze Lied ist geprägt von der liebenden, tröstenden und lachenden Zuwendung des Kindes. Diese bringt Licht in die Dunkelheit der Existenz, ja verwandelt diese (vgl. Strophe 3 der heute bekannten Fassung: »Ich lag in tiefster Todesnacht, du warest meine Sonne ...«). Die 4. Strophe des uns bekannten Liedes thematisiert dann die Sehnsucht, diese mystische Erfahrung zu vertiefen (»O dass mein Sinn ein Abgrund wär und meine Seel ein weites Meer, dass ich dich möchte fassen!«).

Sowohl Melodie als auch Text haben eine lange Wirkungsgeschichte: Noch bis in die zweite Hälfte des 18. Jahrhunderts findet sich dieses Lied in unveränderter Form in den Gesangbüchern. Es scheint der damaligen Frömmigkeitshaltung entsprochen zu haben. Dann verschwindet es aus den Gesangbüchern. Als es in der Mitte des 19. Jahrhunderts wieder auftaucht, ist dieses Lied stark gekürzt (z. B. sind die Diminutiva sowie die Strophen gestrichen, die die einzelnen Glieder des Kindes besingen). Gewandeltem Sprachgefühl und gewandelter Frömmigkeit war dieses Lied in Originalfassung fremd geworden.

In den zwanziger und dreißiger Jahren des 20. Jahrhunderts wandert dieses Lied dann aber wieder mit 9 Strophen in das Evangelische Gesangbuch und mit den Strophen 1 und 3–5 in das »Gotteslob«.

Auch heute noch spüren wir etwas von der Ambivalenz dieses Liedes. Einerseits geht eine Faszination ganz eigener Art davon aus, auf der anderen Seite begegnen wir hier einer Frömmigkeit, die uns fremd erscheint.[(45)]

Material

STILLEÜBUNG: »MEINE SEHNSUCHT«

- Setzen Sie sich bitte bequem hin.
- Schütteln Sie noch einmal die Arme und Beine aus.
- Sie sitzen aufrecht.
- Legen Sie die Hände auf Ihre Oberschenkel.
- Nun schließen Sie die Augen.
- Achten Sie auf Ihren Atem.
- Sie atmen ein und aus.
- Der Atem kommt und geht.
- Spannen Sie alle Muskeln Ihres Körpers so stark an, wie Sie können (7 Sekunden) ... und dann lassen Sie wieder los. (20 Sekunden Pause)
- Wiederholen Sie das: Spannen Sie alle Muskeln Ihres Körpers so stark an wie möglich (7 Sekunden) ... und lassen Sie wieder los. (20 Sekunden Pause)
- Wenden Sie sich wieder Ihrem Atem zu.
- Er kommt und geht. (20 Sekunden Pause)

- Nehmen Sie nun bewusst den Duft des Weihrauchs wahr. (Pause)
- Lenken Sie Ihren inneren Blick auf die erhitzte Weihrauchkohle, den Rauch, der nach oben steigt. (Pause)
- Weihrauch, der zum Himmel hochsteigt – Bild für unsere Sehnsucht.
- Wohin geht Ihre Sehnsucht? (Pause)
- Von wem, wovon erwarten Sie die Erfüllung Ihrer Sehnsüchte? (Pause)

- Wenden Sie nun Ihre Aufmerksamkeit wieder Ihrem Atem zu.
- Er kommt und geht.
- Spannen Sie noch einmal Ihre Muskeln stark an.
- Nun schütteln Sie Ihre Arme und Beine aus.
- Recken und strecken Sie sich.
- Nun können Sie langsam wieder von der Stilleübung zurückkehren.
- Öffnen Sie wieder Ihre Augen.

REZEPT FÜR EINE MYRRHESALBE

Stellen Sie zu Hause vor dem Treffen eine Fettphase her. Hierzu nehmen Sie

- 25 g Tegomuls
- 5 g Sheabutter
- 70 ml Mandelöl

Diese Zutaten geben Sie in ein leeres Marmeladenglas und stellen dieses in einen Kochtopf mit Wasser. Bringen Sie das Wasser zum Kochen, sodass die Zutaten schmelzen. Lassen Sie nun die Zutaten erkalten. (Statt dieser selbst erstellten Fettphase können Sie auch Melkfett verwenden.)

Beim Gruppentreffen nimmt jeder Teilnehmer 10 g Fettphase bzw. Melkfett (ca. 1 Teelöffel) und 20 ml destilliertes Wasser in eine Tasse. Fettphase und Wasser werden nun wieder im Wasserbad erhitzt. (Tasse in einen Kochtopf mit Wasser stellen und das Wasser zum Kochen bringen!)

Wenn sich die Fettphase im Wasser aufgelöst hat, nehmen Sie die Tasse aus dem Kochtopf, geben 2 Tropfen Myrrheöl in das Wasser-Fett-Gemisch und rühren so lange, bis die Masse erkaltet und eine Salbe entstanden ist.

Füllen Sie die Salbe dann in ein kleines Cremetiegelchen (leere Fotohülsen) und beschriften dieses mit einem Silberstift.

Literaturverzeichnis

(1) Fulbert Steffensky, Das Haus, das die Träume verwaltet, Würzburg, 8. Aufl. 2004, S. 96

(2) Nach Adolf Adam, Das Kirchenjahr mitfeiern, Freiburg 1979, S. 100–104; 122

(3) Nach Adolf Adam, Das Kirchenjahr mitfeiern, Freiburg 1979, S. 109ff.; Manfred Becker-Huberti, Feiern, Feste, Jahreszeiten, Freiburg 2001, S. 93

(4) Nach Johannes M. Nützel, »Mose«, in: LThK Bd. 7, Freiburg 1998, hrsg. v. Walter Kasper, 3. völlig neu bearbeitete Ausgabe, S. 486ff.; Brockhaus Enzyklopädie Bd. 15, 19, völlig neu bearbeitete Auflage, Mannheim 1991, »Mose«, S. 125f.

(5) Nach Lothar Ruppert/Horacio E. Lona/Annemarie Schimmel, Abraham, in: LThK Bd. 1, 3, völlig neu bearbeitete Auflage, Freiburg, 1993, S. 61ff.

(6) Nach Hermann Kirchhoff, Christliches Brauchtum, München 1995, S. 20ff; Manfred Becker- Huberti, Feiern ..., S. 107f.

(7) Vgl. die einführenden Erläuterungen zum Buch Jesaja in der Einheitsübersetzung der Heiligen Schrift

(8) Nach Manfred Becker-Huberti, Lexikon der Bräuche und Feste, Freiburg 2000, S. 10f.

(9) Nach Dorothea Forstner, Die Welt der Symbole, 2. verbesserte Auflage, Innsbruck 1967, S. 396–399; Gerd Heinz-Mohr, Lexikon der Symbole, 6. erweiterte Auflage, Düsseldorf/Köln 1981, S. 292–294

(10) Nach Joachim Gnilka, Johannesevangelium, in der Reihe: Die Neue Echter-Bibel, hrsg. von Joachim Gnilka und Rudolf Schnackenburg, Würzburg 1983, S. 80ff.

(11) Nach Jacob Kremer, Lukasevangelium, in: Die Neue Echter-Bibel, hrsg. von Joachim Gnilka und Rudolf Schnackenburg, Würzburg 1988, S. 36f.

(12) Anselm Grün, Weihnachtlich leben, Freiburg 2000, S. 14

(13) Nach Karl Kertelge, Markusevangelium. Die Neue Echter Bibel, Kommentar zum Neuen Testament mit der Einheitsübersetzung, hrsg. von J. Gnilka, R. Schnackenburg, Würzburg 1994, S. 34f.

(14) Nach Rudolf Pesch, Das Markusevangelium. Herders theologischer Kommentar zum Neuen Testament, Band II, Freiburg 1984, S. 416f.
(15) Nach Karl Kertelge, a.a.O., S. 99f.
(16) Nach Joachim Gnilka, Johannesevangelium, a.a.O., S. 64f.
(17) Hubertus Halbfas, Der Sprung in den Brunnen, Düsseldorf 1981, S. 119f.
(18) Nach Dorothea Forstner, a.a.O., S. 100ff.
(19) Nach Rudolf Kilian, Jesaja 1-12, in der Reihe: Die Neue Echter-Bibel, Kommentar zum Alten Testament mit der Einheitsübersetzung, hrsg. von Josef G. Plöger/Josef Schreiner, Würzburg 1986, S. 70ff.
(20) Anselm Grün, Bilder von Jesus, Münsterschwarzach 2002, S. 96ff.
(21) Nach Joachim Gnilka, a.a.O., S. 66
(22) Nach Rudolf Schnackenburg, Matthäusevangelium 1,1–16,20. Bd. 1 in der Reihe: Die Neue Echter-Bibel, hrsg. Von Joachim Gnilka und Rudolf Schnackenburg, Würzburg, 1985, S.50f.
(23) Nach Manfred Becker-Huberti, Feiern ..., a.a.O., S. 119ff.
(24) Nach Hubertus Halbfas, Religionsbuch für die Grundschule. Lehrerhandbuch 1, Düsseldorf, 1. Aufl. 1983, S. 288ff.
(25) Karl Rahner, Kleines Kirchenjahr, Freiburg 1981, S. 37
(26) Nach Dorothea Forstner, a.a.O., S. 109ff.
(27) Nach Eleonore Beck, Gottes Sohn kam in die Welt, Stuttgart 1977, S. 81–114
(28) Nach Manfred Becker-Huberti, Feiern ..., S. 167–174
(29) Karl Rahner, Kleines Kirchenjahr, Freiburg 1981, S. 22
(30) Augustinus in Ioh. 13,5; zitiert nach Gottfried Bachl, Gottesnamen, in: LThK Bd. 4, hrsg. v. Walter Kaspar, 3. völlig neu bearbeitete Auflage, Freiburg, 1995, S. 939
(31) Hartmut Meesmann, Ist Gott zornig und barmherzig zugleich? in: Publik Forum, Nr. 4 vom 27.02.2004, S. 30
(32) Nach Günter Stemberger/Walter Kirchschläger/Gottfried Bachl, Gottesnamen, in: LThK Bd. 4, hrsg. v. Walter Kaspar, a.a.O., S. 936ff.
(33) Gerhard Lohfink, Gott ohne Masken, Würzburg 1972, S. 24
(34) Nach: Geistliches Wunderhorn, Große deutsche Kirchenlieder, Hrsg. Hansjakob Becker u.a., München 2001, S. 437–444
(35) Nach Manfred Becker-Huberti, Feiern a.a.O., S.134–139

(36) Aus: Der andere Advent 2003/2004, Hrsg. Andere Zeiten e.V. Initiativen zum Kirchenjahr, Heimhuder Straße 92, 20148 Hamburg
(37) Anselm Grün, Jeder Mensch hat einen Engel, Freiburg 1999, S. 13–16
(38) Anselm Grün, Weihnachten – Einen neuen Anfang feiern, Freiburg 1999, S. 73
(39) Nach: Die Bibel, erschlossen und kommentiert von Hubertus Halbfas, Düsseldorf 2001, S. 466–471
(40) Nach Hermann Kirchhoff, Christliches Brauchtum, München 1995, S. 42–61; Manfred Becker-Huberti, Feiern ..., a.a.O., S. 128ff.
(41) U.a. nach Manfred Becker-Huberti, Lexikon der Bräuche und Feste, a.a.O.
(42) Nach Ulrich Wilckens, Das Evangelium nach Johannes, NTD, Bd. 4, Göttingen 2000, S. 80ff.
(43) Vgl. Karl Rahner, Kleines Kirchenjahr, Freiburg 1981, S. 43
(44) Nach Hubertus Halbfas, Religionsunterricht in Sekundarschulen, Lehrerhandbuch 7, Düsseldorf 1994, S. 268ff.
(45) Nach Hansjakob Becker u.a. (Hrsg.), Geistliches Wunderhorn, München 2001, S. 249–261

Quellenverzeichnis

S. 34: Choreographie: Sabine Wieghorst, Hameln

S. 35: Unendlich, aus: Rose Ausländer, Wieder ein Tag aus Glut und Wind, © S. Fischer Verlag GmbH, Frankfurt am Main 1986

S. 43: Deine Seele ist ein Vogel, © Gerhard Schöne/BuschFunk Berlin

S. 66: Immer Ärger mit der 24: Deister- und Weser-Zeitung, Hameln

S. 72: Gott vor dem Himmel sprechen: Harlekijn Holland B.V., Herman van Veen

S. 93: Choreographie: Sabine Wieghorst, Hameln

S. 106: Choreographie: Wilma Vesseur, CH – Trogen

S. 107: Wie die Weisen: Rechte unbekannt

S. 118: One Of US, Text und Musik: Eric Bazilian, © by Human Boy Music – für D, A, CH Edition Intro Meisel GmbH, Berlin

S. 122: Die Landkarte des Lebens, aus: Ulrich Schabel, Das hätt' ich nicht gedacht!, © Verlag Herder, Freiburg im Breisgau, 2. Auflage 1996

S. 123: Über Bäume, aus: Rose Ausländer, Und preise die kühlende Liebe der Luft. Gedichte 1983–1987, © S. Fischer Verlag GmbH, Frankfurt am Main 1988

S. 134: Herr, wie ein Baum, Text: Lothar Zenetti, Musik: Klaus Simon, Textrechte: © Strube Verlag München-Berlin, Musikrechte unbekannt

S. 135: Choreographie: Nanni Kloke

S. 137: Marie-Luise Kaschnitz, aus: U. Wolff, Breit aus die Flügel beide, Verlag Herder, Freiburg 1993, S. 124

S. 144: Du bist ein Engel, Text und Musik: Fritz Baltruweit, aus: Du bist ein Engel, 2002, © tvd-Verlag, Düsseldorf

S. 146: Es müssen nicht Männer mit Flügeln sein, aus: Rudolf Otto Wiemer, Der Augenblick ist noch nicht vorbei, Kreuz Verlag, Stuttgart 2001,
© Rudolf Otto Wiemer Erben, Hildesheim

S. 147: Choreographie: Siegfried Macht, CD »Dass Frieden werde«, Bezug: Siegfried Macht, Kopernikusring 41, 95447 Bayreuth

S. 147: Der Engel in dir, aus: Rose Ausländer, Ich höre das Herz des Oleanders. Gedichte 1977-1979, © S. Fischer Verlag GmbH, Frankfurt am Main 1984

S. 148: Gerhard Lohfink, Über die Menschwerdung Gottes sprechen, © beim Autor

S. 158: Erich Fried, Befreiung von der Flucht. Gedichte und Gegengedichte, © 1968 by Claassen Verlag in der Ullstein Buchverlage GmbH, Berlin

S. 159: Was, aus: Rose Ausländer, Wieder ein Tag aus Glut und Wind. Gedichte 1980–1982, © S. Fischer Verlag GmbH, Frankfurt am Main 1986

S. 168: Choreographie unbekannt

Silvia Mustert
Hans-Georg Spangenberger
Irmi Spangenberger

Weihnachtslandschaften

Eine spirituelle Erlebnisreise

96 Seiten, kartoniert, Fotos
ISBN 3-7698-1363-4

Weihnachtslandschaften – das sind verschiedene Stationen rund um das Thema Weihnachten. Auf dem Weg durch die Weihnachtslandschaften gewinnen die Traditionen von Weihnachten und ihre religiösen Hintergründe für Sie eine ganz neue Bedeutung. Jeder, der sich in die Weihnachtslandschaften begibt, betritt einen Erlebnisweg, auf dem er sich dem Weihnachtsfest mit allen Sinnen nähern und seiner persönlichen Weihnachtsbotschaft begegnen kann.

Irmi Spangenberger (Hrsg.)

Lebensmuster neu entdeckt

14 persönliche Quilts zu biblischen Frauen

128 Seiten, kartoniert
ISBN 3-7698-1456-8

Malen mit Stoff könnte man die hohe Kunst des Patchens und Quiltens nennen, in der 14 eindrucksvolle Patchworkquilts entstanden sind. In ihnen erschließen sich die Künstlerinnen und Autorinnen die Lebensmuster der biblischen Frauen auf eindrückliche Weise und inspirieren dazu, selbst die Muster des eigenen Lebens zu entdecken und neu zu deuten.